美國史

America

移民之邦的夢想與現實

李慶餘——著

三民書局

自　序

　　書坊有多種美國通史著作，以大部頭的居多，如布盧姆 (John Morton Blum) 等著 《美國的歷程》 (*The National Experience: A History of the United States*)，貝林 (Bernard Bailyn) 等著《偉大的共和國》(*The Great Republic*)、莫里森 (S. E. Morison) 等著《美利堅共和國的成長》(*The Growth of the American Republic*)，都是久負盛名的史學名著，被美國大學用作教科書。三民書局策劃的「國別史」叢書，乃意在適合廣大讀者的需要，為他們提供關於各國歷史簡明易懂的知識讀物。

　　本書即在簡明易懂的理念指導下寫就的。筆者在思考與寫作中，以美國文明的起源、演變與走向為主線，闡述美國這個國家的誕生、發展與改革的歷史。首先一個問題，是要明白美國文明是一個什麼樣的文明，其特徵是什麼？北美移民是從英國與歐洲其他各地遷居來的，帶來了歐洲文化與生活方式，在北美生根發芽，故認為，美國文明起源於歐洲當屬無疑，是謂 「生源說」 (germ theory)。及至二十世紀初現代美國崛起，「美國生活方式」 (American way of life) 確立，美國文明的起源又成了一個熱門話題與爭辯的學術問題。其間，產生了以特納 (Frederic Jackson Turner) 為首的「邊疆學派」(Frontier School)。特納一反美國文明

源於歐洲的說法，旗幟鮮明地指出，美國文明起源於美國本土，源自殖民地以來由北美移民不斷開拓的邊疆。特納寫道：美國文明不是起源於「五月花號」(Mayflower)，不是憲法造成的；「它來自美國的大森林，每開拓一片新邊疆，它就增加一份新力量」。美國文明是自由土地造成的。

　　「生源說」與「邊疆說」，是關於美國文明起源於歐洲還是北美的兩大論說。然後，這場爭論由另一位史學巨擘帕靈頓 (Vernon Louis Parrington) 作出結論。帕靈頓在研究美國思想史後，公正客觀地提出：美國文明不是起源於哪一個大陸，而是歐洲與北美這兩個大陸的產兒。也就是說，認為美國文明起源於歐洲或起源於北美荒野都是片面的。歷史學家康馬格 (Henry Steele Commager) 在其名著《美國精神》(*The American Mind*) 一書中，重申了帕靈頓的論斷。今天，在經過了長期的研究與討論後，美國文明的起源應該已經明確了。

　　本書的第一篇與第二篇是對美國文明起源的闡述，第一篇解釋歐洲文明對美國的影響，第二篇闡釋西進運動與大陸領土擴張對美國文明的意義。書中所寫的傑弗遜民主 (Jeffersonian Democracy) 與傑克遜民主 (Jacksonian Democracy)，正是歐洲文明與北美邊疆分別成為美國文明之源的集中表現，這些闡釋是要證明：現代美國文明已經跟歐洲文明不同，是一個特殊、年輕而又充滿活力與破壞力的新文明。這一新文明的主體盎格魯－撒克遜白人新教徒 (White Anglo-Saxon Protestant, WASP) 在完成國家的統一後，引領美國的崛起，並試圖建立美國治下的世界和平 (Pax

Americana)。

　　本書第三篇闡明美國工業文明的興起。在這一篇中，提出兩個主要問題：發展與改革。美國的崛起把美國從農業文明引向工業文明，這是一個歷史性的轉變與進步。正是如此，它才能替代農業文明。任何試圖維持農業文明的道德說教與政治力量都要敗下陣來，並在歷史舞臺上消失。但工業文明的弊病也迅速暴露，乃至影響了社會的穩定。進步主義運動與「新政」是為完善工業社會，優化工業文明所作的開創性努力，是美國歷史上最主要的改革舉措，特別是「新政」，它的歷史意義是怎麼評價也不過分的，因為它改變了已經消失的農業社會的治理方式與價值觀——自由放任，而形成了適應崛起中的工業社會的治理方式與價值觀——政府干預。筆者認為，在美國歷史上最傑出、最有代表性的精英人物是湯瑪斯・傑弗遜 (Thomas Jefferson) 與富蘭克林・羅斯福 (Franklin D. Roosevelt)。傑弗遜為美國農業社會指明治國之道：政府的干預愈少愈好；羅斯福在大蕭條發生後告訴美國：我要為人民實行「新政」。

　　舊政還是新政？小政府還是大政府？從此爭論下去，成為貫穿當代美國方方面面的一條主線。本書第四篇「當代美國」是以這個主線展開論述的。「公平施政」、「新邊疆」、「大社會」都是新政的繼續與深化，而「新聯邦主義」是試圖背離「新政」傳統回到自由放任，但我們看到，在經過新政改革後，一個發達的工業社會要回到自由放任，實際上是不可行的。正如大經濟學家薩繆爾森 (Paul Samuelson) 所說，美國的福利大廈已愈建愈高，要把

這個福利大廈推倒，是不可能的了。不過，新政與福利國家暴露
的問題，說明繼續按新政的路子走下去，也難以走得通。一個改
革新政的問題擺在美國面前。1980年代以來出現的新保守主義與
新自由主義在筆者看來，就是改革新政的兩種不同處方。這個爭
論還將延續下去，貫穿於二十一世紀的美國歷史之中。

　　本書最後一節論述「美國文明向何處去？」，與其說是論述問
題，不如說是提出問題。提出它比論述它更有意義。深望讀者帶
著這個問題，把美國歷史讀下去，讀二十一世紀的美國歷史。在
二十一世紀的歷史長河中，有可能會形成不同於「自由放任」與
「政府干預」的新的治國理念與一群新型精英人物。讓我們拭目
以待。

　　建立美國治下的和平，是美國史的一個重要內容，這構成了
一部現代美國外交史。本書沒有單獨寫外交史，而是安排在每一
篇中列成專門章節加以闡述，把這些章節連貫起來就是一個簡明
的美國外交歷程。至於美國的成長與發展則可以看作美國外交的
廣闊與深刻的背景。

　　上述史學名著給予筆者不可或缺的幫助，取材於斯，受惠於
斯。但本書的結構與觀點都是屬於我自己的。

　　敬請批評指正。謝謝！

李慶餘

2008 年夏

美國史
移民之邦的夢想與現實

目 次 | *Contents*

America

第 1 篇

國家的誕生

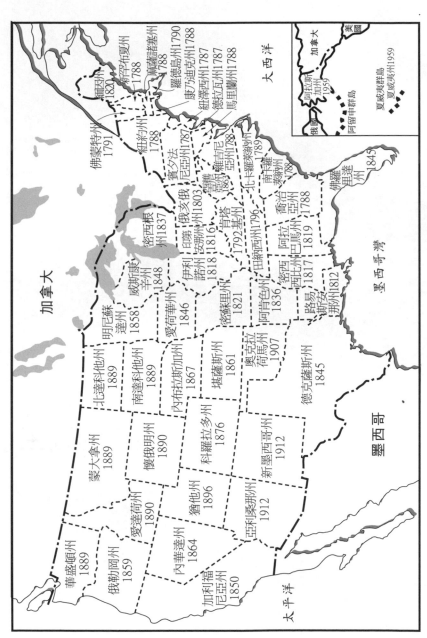

圖 1：美國地圖

加拿大

美國

阿拉斯加州
1959

俄國買入
夏威夷群島

阿留申群島
夏威夷州1959

大西洋

緬因州
1820

新罕布夏州
1788

佛蒙特州
1791

紐約州
1788

麻薩諸塞州
1788

羅得島州1790
康乃迪克州1788
紐澤西州1787
德拉瓦州1787
馬里蘭州1788

密西根
州1837

賓夕法
尼亞州1787

俄亥俄州1803

西維吉
尼亞州1863

維吉
尼亞州1788

北卡羅來納州1789

南卡羅
萊納州
1788

喬治
亞州
1788

佛羅
里達
州
1845

明尼蘇
達州
1858

威斯康
辛州
1848

印第
安那州
1816

伊利
諾州
1818

肯塔
基州
1792

田納西州1796

阿拉
巴馬州
1819

北達科他州
1889

南達科他州
1889

愛荷華州
1846

密蘇里州
1821

阿肯色州
1836

密西
西比州
1817

路易
斯安
那州1812

奧克拉
荷馬州
1907

德克薩斯州
1845

加拿大

蒙大拿州
1889

懷俄明州
1890

內布拉斯加州
1867

科羅拉多州
1876

新墨西哥州
1912

華盛頓州
1889

俄勒岡州
1859

愛達荷州
1890

猶他州
1896

亞利桑那州
1912

加利福
尼亞州
1850

內華達州
1864

太平洋

墨西哥

墨西哥灣

大西洋

第一章 | *Chapter 1*

殖民地時期

第一節　第一批移民

　　美國的歷史可以追溯到十七世紀初歐洲（主要是英國）對北美洲的移民，因為正是這群移民的後裔，在那裡建立了自己的國家——美利堅合眾國。

　　向美洲移民的潮流有著特定的時代背景。十五世紀，歐洲興起了海外擴張的浪潮，史稱「地理大發現」。1492 年，航海家哥倫布「發現」新大陸——美洲。事實上，美洲早已有人類居住，美洲的原住民印第安人在這塊土地上繁衍生活，造就了他們自己的文明。

　　美洲並不需要歐洲殖民者去「發現」，人類生活在這塊大陸是一個客觀存在。不過由於各大陸之間沒有交往，互相不知道，所以才稱歐洲「發現」新大陸。這反映了歐洲人以自己為中心的地理與政治觀念，是歐洲中心論的表現。

哥倫布對新大陸的「發現」，開啟了歐洲大國的殖民活動。最早入侵美洲的是西班牙，西班牙人在短短的一個世紀裡征服了南美洲，建立起她的美洲帝國。然而，西班牙的征服純粹是掠奪性的。財富毀滅了西班牙的製造事業，資助了她對外的冒險，最終使一度是歐洲霸權的西班牙變得腐朽、貧困與停滯。1588 年的海戰中，西班牙「無敵艦隊」被英國打敗，標誌著西班牙霸權永久性的衰落。

西班牙對美洲的征服，鼓勵了英國、法國、荷蘭。她們各自開始在北美洲的移民，試圖在那裡得到殖民地。在西班牙征服美洲一個世紀後，第一批英國移民越過大西洋到達北美洲。1607 年，在維吉尼亞 (Virginia) 建立第一個定居點詹姆士敦 (Jamestown)。北美移民通過種植菸葉供應英國市場，使經濟迅速繁榮，至 1620 年，詹姆斯河一帶已建立許多大種植園，維吉尼亞也成為最早的英屬北美殖民地。

向北美移民具有經濟、宗教或政治上的原因。在各種不同原因的驅使下，移民進入北美形成了一個個英屬北美殖民地。

謀求經濟機會是移民普遍的目的，特別是在經濟不景氣的歲月。

宗教與政治原因也加速了移民北美的腳步。十六、十七世紀宗教改革期間，英國出現了一批清教徒 (Puritan)，要求改革英國國教會。他們反映了市民階級的理想，主張節儉、簡樸，簡化繁縟的宗教儀式。他們的改革觀念，似乎有分裂英國國教會與削弱王室權威的危險，因此遭到了王室的鎮壓，被迫逃往國外。他們

試圖在國外實現其宗教改革的抱負，因而促成麻薩諸塞 (Massachusetts) 等殖民地的建立。事情的開始是這樣的：詹姆斯一世 (James I) 統治時期 (1603～1625)，一些貧苦農民離開英國抵達荷蘭，在那裡宣揚清教教義。不久，這些人決定移居北美。1620 年末，他們開始在北美建立定居地，並以他們在英國上船的港口普利茅斯 (Plymouth) 來命名這個地方。後來，美國人把這個定居地的建立視為北美移民的開始，稱「五月花號」為移民始祖。

在繼任的查理一世 (Charles I) 統治期間 (1625～1649)，宗教迫害不僅使貧窮的清教徒移居美洲，也使許多富有、有社會地位的人一起移民。1630 年，移民建立了麻薩諸塞海灣殖民地 (Massachusetts Bay Colony)。此後十年間，六個英國殖民地都打上了清教徒的烙印。移民北美的第一次高潮從此開始。在 1628 至 1640 年的移民潮中，英國有兩萬人來到北美。他們橫渡大西洋，到達美洲，前後不下一千二百五十趟船次。

在這些移民中有富蘭克林、愛默生、霍桑、林肯、亞當斯的祖先。在此波移民潮中，移民不是分散而至，而是整村整鎮地移居美洲，建立移民區。其中不但有小商人與農民，還有醫生、律師、技師、技工、教師等。這個地方酷似英格蘭的縮影，故被稱為「新英格蘭」(New England)。

在歷經英國清教徒革命 (1642～1651) 與王朝復辟 (1660) 後，一些王黨分子與富有者也遷徙北美，史稱「王黨出逃」。這使北美殖民地被注入了大量財富，也帶來了美國一些大貴族的祖先，如喬治·華盛頓 (George Washington) 的曾祖父約翰·華盛頓 (John

Washington) 於 1657 年到達維吉尼亞 。 還有名聲顯赫的馬歇爾 (Marshall) 家族。但從整體上說,麻薩諸塞、維吉尼亞等殖民地的移民,大多數是農民、技工、小商人、小職員,他們都沒有太多的資產,但他們日後組成了北美的中產階級。

在移民北美的英國人中,除了境況一般的農民與懷有宗教信仰的社會上層人物外,還有許多的貧民。他們無力支付自己的旅費以及到新大陸後的安家費,由維吉尼亞公司 (Virginia Company) 與麻薩諸塞海灣公司 (Massachusetts Bay Company) 代付費用,移民則同意以合約工的身分替公司工作,通常是四年到七年,史稱「契約奴」(Indentured Servant),期滿後,宣告人身自由,有的還能得到一塊土地供其耕種與維持生活。據估計,新英格蘭以南殖民地的移民中,有一半是以「契約奴」的身分來到北美。他們大多數履行合約,最終落戶美洲,成為自由移民,少數人甚至成為殖民地的頭面人物。

從第一批移民踏上北美土地到北美獨立的這一個半世紀,所有的移民都來自英國與歐洲。十七世紀移居北美的絕大多數是英格蘭人 ,還有一些荷蘭人、瑞典人、德國人與法國胡格諾教派 (Huguenot) 信徒。他們居住在北美洲大西洋沿岸的中部地區。零星的西班牙人、義大利人與葡萄牙人分佈在南卡羅萊納 (South Carolina) 及其附近地區。這些非英格蘭移民大約不到移民總數的十分之一。

1680 年後,大批移民來自德國、愛爾蘭、蘇格蘭、瑞士與法國。英國不再是移民的主要來源。來自歐洲大陸的新移民也是由

於多種原因移居北美的。其中，德國人大多是為躲避戰爭而來；
愛爾蘭人是為了擺脫貧窮與壓迫；蘇格蘭人與瑞士人也是一群貧
困的農民。1690 年英屬北美殖民地人口約二十五萬，此後每隔二
十五年增加一倍。到 1775 年，殖民地人口已逾二百五十萬。英屬
北美殖民地的居民見證了自身的增長。

第二節　殖民地社會

英屬北美殖民地都位於大西洋沿岸，是由於早期移民需要和
歐洲進行貿易，用歐洲的商品維持其生存與生活的需要，所以只
有居住在沿海地區才能利用水灣與港口和歐洲進行貿易。無數的
河流將沿海平原與各港口連接起來，僅有一條由法國殖民地控制
的聖羅倫斯河 (Saint Laurence River) 是通向內陸的，所以在這一
百多年的時間裡，移民總是在沿海地帶集中地建立自己的居住區，
形成一個個殖民地。至北美獨立前夕，在大西洋沿岸有十三個英
屬殖民地。她們雖然都位於大西洋沿岸，但由於地理位置與自然
環境不同，這十三個殖民地形成了四個不同區域，即東北部的新
英格蘭、南部、中部、內陸邊疆。

一、新英格蘭

新英格蘭是由麻薩諸塞海灣殖民地擴展起來的。1636 年，思
想激進的牧師威廉斯 (Roger Williams) 逃離麻薩諸塞，建立新的
殖民地——羅德島 (Rhode Island)，以後又有兩支移民向外擴展。

一支移民建立了康乃迪克 (Connecticut)，另一支移民則向北進入緬因 (Maine) 與新罕布夏 (New Hampshire)。新英格蘭基本上是清教徒的殖民地，清教徒在這裡占統治地位。獨立戰爭時，新英格蘭人口七十萬，當中幾乎完全是英國血統。一般來說，他們都是那些富有毅力、崇尚獨立與具有進取精神的英格蘭人後代，擁有盎格魯撒克遜種族的遺傳因子，經過北美環境改造，成為美利堅民族最重要的一部分。因此，新英格蘭人具有強烈的種族優越感。

環境對新英格蘭人有很大、甚至是決定性的影響。北美的東北地區，土地貧瘠多石，平地稀少，夏季短、冬季長，並不是一個適宜耕作的地區。然而，移民們很快適應了這個環境，建立新的生活方式。他們利用豐富的水力和原始森林資源建立水車磨坊與鋸木廠，大批木材用來製造船隻，於是，造船業發展起來。至北美獨立前夕，在懸掛英國國旗的船隻中，有三分之一是北美製造的。隨著北美外貿的興起，麻薩諸塞等殖民地變得繁榮。波士頓成為美洲最大的港口之一，僱傭商船達六百艘。通過這些港口，源源不斷地將剩餘的糧食、木材製品、甜酒送往歐洲與西印度群島 (West Indies)。此外，新英格蘭的船隻也積極地參與販賣奴隸。

捕魚是麻薩諸塞居民的生活資源，到十七世紀末，捕魚已經成為麻薩諸塞海灣殖民地的重要行業。魚類見之於麻薩諸塞，一如菸草見之於維吉尼亞。誠然，菸草與棉花（南方的主要作物），使南方人深深植根於鄉土，而漁業則使新英格蘭人放眼世界。至獨立戰爭前十年，麻薩諸塞的漁業處於鼎盛時期。漁業收入幾乎占新英格蘭收入的一半。新英格蘭人真正敬畏的偶像是鱈魚，而

不是英王。

市鎮是清教徒移民仿效英格蘭社會組織的產物。英國的社會組織一般包括自由市、鄉村與教區三種類型，清教徒移民在創建市鎮時模仿了這些社會組織的形式，但又放棄了其中的一些傳統。

一批人向殖民地議會申請一大片土地（通常是與已經建成的某一市鎮毗鄰），得到批准後，即開始命名和市鎮的創建。在市鎮中心每人分得一塊建設住宅的土地，在市鎮所轄地區得到一份可耕地、放牧的草地與林地。新英格蘭的農業採取獨立的農場主經營方式，這適應了新英格蘭的地形特點。有的地方曾試圖實行「公共耕種大田制」，但很快證明它不切實際而被放棄。市鎮的土地在完成最初的分配後還留下很大一部分，以滿足日益增長的人口的需要。每個市鎮都劃出公共草坪與學校用地。

對美國歷史發生深遠影響的是新英格蘭的市鎮民主。市鎮政府是由市鎮大會選舉產生的，在這個大會上，申請創建市鎮的業主並不比鎮上的居民有更大的發言權。事實上，後來在這個市鎮上得到土地的居民也都成了業主。在市鎮大會上，居民們討論鎮上的重大問題，諸如修築道路、修建會堂、創辦學校與任命校長等問題。居民們對他們生活的這個社會持有一種強烈的責任感，這種責任感來自清教徒移民北美時的那種虔誠的宗教使命感。宗教的感情在北美這個新環境中成為社會責任感。市鎮大會也選舉參加殖民地議會的代表，選舉市鎮官員。在麻薩諸塞，早期曾試圖規定只有自由人才能享有投票權，但到十七世紀末，這個規定被逐漸淡化和廢棄了。這種市鎮民主在當時給新英格蘭的人際關

係帶來和諧與平等。他們通過討論來解決爭端，消除分歧。市鎮
居民除進行禮拜和舉行市鎮大會之外，民兵訓練也是一件大事，
因為他們要應付印第安人的襲擊。此外，慶典活動如婚喪典禮、
喜迎豐收，居民都要集會慶祝、彼此交流。新英格蘭有很好的民
風，社會安全而寧靜，有夜不閉戶、路不拾遺之說。教友與非教
友之間並沒有社會地位高低之分，教友沒有社會特權，法律要求
每個人要去教堂做禮拜，並不介意他們是否是教友，新英格蘭居
民都去做禮拜、交稅（以支付牧師的酬金，因此有權推選牧師）。
新英格蘭人敬仰上帝，是北美殖民地中最具宗教色彩的人民。雖
然其他殖民地的居民未必喜歡他們，但很尊敬他們。

　　新英格蘭的「市鎮民主」，在美國民主史上占有重要地位，成
為美國民主傳統的組成部分。至今，在美國東部的一些地方，還
殘存著市鎮民主的遺風。

二、中部殖民地

　　中部殖民地是個以農業為主、但工商業也相當發達的地區。
中部的大多數移民，如同其父輩在歐洲那樣，靠土地維生。農場
面積廣大，必然與鄰居隔絕，在一個家庭內過著自給自足的生活。
獨立的農場主主要存在於北美中部的殖民地。新英格蘭西部的市
鎮居民也與其類似，不過他們一般沒有這麼廣大的土地。比起新
英格蘭，中部殖民地的居民缺乏社會公共生活，因此家庭成了最
重要的生活場所，履行著工廠、教堂、學校、醫院等職能。也就
是說，他們在家裡加工農作物、教子女讀書、祈禱、代替醫生照

料病人。

　　中部殖民地農業的繁榮，使眾多農場主能過上歐洲農民所不及的生活。精美的傢俱、豐富的食品、運輸馬車、菜園、牲畜都為許多農場主所享有。大莊園分佈於哈德遜河 (Hudson River) 流域，這些莊園主發展成日後美國貴族的一部分。但在長島 (Long Island) 與紐約 (New York)，絕大多數仍是獨立農場主。他們促進了這個區域農業的發展。值得一提的是，皮貨貿易對經濟發展起了重要作用，自奧巴尼 (Albany) 通過哈德遜河，大宗皮貨被運往各個港口。

　　賓夕法尼亞 (Pennsylvania) 與紐約是中部最大也是最繁榮的殖民地。農業之外，工商業已顯見發達，並形成了像紐約、費城 (Philadelphia) 這類大城市與貿易中心，這些地方不僅輸出木材、皮毛、穀類等原料和農產品到英國與歐洲，也輸出工業製品。賓夕法尼亞與紐澤西 (New Jersey) 的鐵器生產已引起了英國議會的恐慌，欲對其進行壓制。紐約因製造業而成為北美最發達的城市。在傑弗遜看來，殷實、繁榮的費城已經超過了倫敦與巴黎。

　　中部殖民地的社會以多姿多彩與寬容為特徵，在新教徒為主的新英格蘭，宗教氣氛濃厚，超凡脫俗，而賓夕法尼亞、紐約則活躍與繁榮。這首先是得益於賓夕法尼亞殖民地的創始人威廉‧佩恩 (William Penn) 及其率領的教友派 (Quaker) 移民。佩恩的思想開明，他決心在北美的土地上與印第安人和平共處。他與印第安人締結協定，又嚴格遵守這些協定，因此，在荒野上維持了和平。在創建殖民地時，佩恩即欲吸引各種不同信仰與國籍的移民，

圖2：威廉‧佩恩正與數名印第安人交涉

共同開發這塊殖民地。結果有三萬不同語言、不同信仰與不同職
業的人生活在費城，使費城成為賓夕法尼亞的中心，也是北美最
繁華的城市之一。德國人與愛爾蘭人對開發這個殖民地作出了特
別的貢獻。德國人對農事非常熟練，還擅長家庭手工業，諸如紡
織、製鞋之類，這些對經濟發展是相當重要的。蘇愛人 (Scots-
Irish) ❶ 也大量進入賓夕法尼亞。他們是剽悍的拓荒者，移民北美
之後，任意占有土地，他們不僅向邊疆推進，而且把自己的信仰
（代議制政府、宗教、教育）帶進邊疆。他們既是拓荒者，又是
新文化的傳播者，是中部殖民地的開發與文化寬容的開路先鋒。

---

❶　蘇愛人，即蘇格蘭—愛爾蘭人。蘇格蘭新教徒的後裔，他們的祖先十
　　七世紀初葉定居在北愛爾蘭，後來移居北美。

紐約是經濟繁榮與文化寬容的集大成者。紐約原是荷蘭人的殖民地，時間長達四十年（當時稱為新阿姆斯特丹 New Amsterdam，後易名紐約），1664 年被英國人占領。然而，荷蘭人對紐約後來的發展留下了深遠的影響。由於荷蘭是歐洲最早的商業國家，因而帶來了該地當時特有的商業氣氛，使紐約呈現一種與波士頓等清教背景完全不同的生活方式。荷蘭人開朗而且快樂，假日期間，居民們飲酒作樂，新年時，鄰居互訪，迎接聖誕老人的來臨，一派祥和的氣氛。在英國管轄紐約後，荷蘭的法律習俗和英國的制度慣例相互融為一體，紐約的鄉鎮政府也頗有新英格蘭的自治特色。英荷文化的融合是早期美國多元文化的範例。實際上，紐約的文化遠遠超過這一融合，有更多的語言與文化在這裡融合。要說語言的豐富多樣，那要首推紐約了。十七世紀中葉，哈德遜河岸上居民中有荷蘭人、佛萊芒人 (Flemish)、瓦龍人 (Walloon)、法國人、丹麥人、挪威人、瑞典人、英格蘭人、蘇格蘭人、愛爾蘭人、德國人、波蘭人、波西米亞人、葡萄牙人和義大利人等，他們成為後來數百萬移民的祖先。

三、南方地區

與新英格蘭和中部殖民地迥然不同，南方是完全的農業經濟。南部的土地肥沃，地勢平坦適於經營大種植園，故此南方人出現了一批大種植園主，如華盛頓就是一個大種植園主。

南北卡羅萊納與維吉尼亞有所不同，在這裡雖以農業為主，依靠黑人奴隸勞動，但不只局限於單一作物（早期是菸草，之後

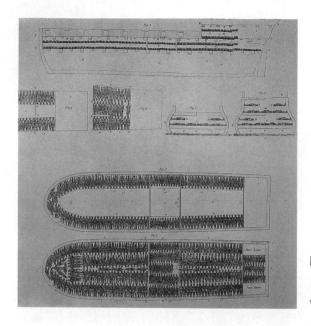

圖 3：黑奴船設計圖
目的在有限的船艙
中運載最多的人數。

是棉花)，還種植稻米等農作物並加以出口。茂密的森林提供木
材、焦油以及馬尾松的松脂，這些都是造船的絕好材料，被用於
出口。商業得到一定程度的發展。這兩個殖民地還是南方的商業
中心，主要的港口是查爾斯頓 (Charleston)。

　　這些種植園初時靠白人契約奴從事生產勞動，後來逐漸被從
非洲販賣來的黑人奴隸取代，因為種植園主發現，用黑人奴隸比
契約奴更便宜也更安全。那些過去向西印度群島供應奴隸的商人，
開始向南部大量運送奴隸，到十八世紀中葉，南方殖民地的大部
分種植園都是依靠黑人奴隸勞動了。相較於契約奴還能合法地爭
取基本權利，黑人奴隸是沒有任何權利的。奴隸制成為白人與黑
人種族關係的主要形式，種植園成為黑人與白人生活的基本單位。

當時誰也不會想到，南方種植園使用黑人勞動這一改變，將對美國歷史產生深遠的影響，只有等到歷史進入十九世紀和二十世紀，我們才能看得清楚。

種植園本身就是一個小社會。當時種植菸草的種植園不過一千英畝（包括尚未開墾和地力耗盡的土地），擁有的奴隸極少有超過百人的，稻米種植園更小些，擁有的奴隸不超過三十人。種植園的中心是一所大房屋，通常面向一條可以通航的河流，房屋四周是喬木與灌木，周圍分佈著洗衣房、廚房，還有一間校舍，一位雇來的教師在這裡教種植園主的孩子們讀書寫字。再遠些是牲口棚和奴隸們的簡陋房屋。除了田間勞動外，這個小社會還有一小群做家務的奴隸與工匠，他們是從奴隸中挑選出來並加以訓練的。

奴隸的孩子與自己的父母一樣，都是主人的財產，主人可以出售他們，從而拆散這個家庭，但一般來說，奴隸還是保留了家庭生活。奴隸的人口自然增長，但混血的情況不如西印度群島或其他奴隸社會，種族歧視在南方殖民地是很強烈的。

在大量使用奴隸勞動後，漸漸地南方殖民地的社會結構表現出種植園奴隸制的基本特徵，這些特徵一直延續到內戰發生。雖然自由農場主仍占殖民地人口多數，但種植園主控制了主要的政治權力與肥沃的土地。他們擔任殖民地議會的議員，或在地方法庭、自己所在的教區任職。他們興建豪宅，過著貴族式的生活。種植園主還和倫敦或歐洲其他城市發生聯繫，進口他們需要的製造品、生活用品、圖書雜誌，利用這個海外管道瞭解外部世界。

在北美殖民地中，南方的種植園主是最能保持歐洲文明色彩的。
位於種植園主之下的是農民，他們與種植園經濟進行競爭，在競
爭中求生存。對於那些小農來說，生活是艱難的。但北美的自由
土地為所有移民提供了一條謀生之路，這是北美與歐洲的不同之
處，也是形成北美文明的一個主要元素。像新英格蘭、中部的農
場主一樣，南部的小農不斷向內地開發土地，創造新的生機。自
由土地的存在，不僅給了他們新生活的機會，也成為他們爭取民
主的後盾，所以雖然種植園主控制了權力，實行南方特有的寡頭
政治，但自由農民仍可以為維護自己的獨立與自由而奮鬥，自由
農民有權參加議會，擔任某些公職。

四、內陸邊疆

不論新英格蘭、中部或南部殖民地，沿海移民在找不到肥沃
的土地或感到缺乏自由時，也就是說，當他們不能達到其原先的
願望時，他們有一個出路，就是進入內地，在那些偏僻的地區從
事開拓。事實上，這種情況愈到後來愈突出，因為新英格蘭的市
鎮缺少足夠的土地分配給新來者，同時南方貧窮的自由農民多數
也希望開拓新的土地。不僅是窮人和缺少土地的人，那些具有開
拓意識的人也樂於到邊疆創業。例如，傑弗遜的父親是一名測量
師，他到邊遠的山地定居，用一碗飲料就買下了一百六十公頃的
土地。邊民一般以一、二先令一英畝的代價購買土地，或者用武
力從印第安人那裡奪取土地。落戶雖然容易，創業卻非常艱辛。

這些從大西洋沿岸深入內陸拓殖的移民，是美國歷史上的第

一代邊民，他們拓殖的地區是第一個邊疆。

　　這個地區大體上北起摩和克河谷 (Mohawk Valley) 的原始森林，中間經阿利根尼山脈 (Allegheny Mountains) 東麓，穿越仙納多河谷 (Shenandoah Valley)，南至皮德蒙特 (Piedmont) 地區，也就是說，已經包括了今天的佛蒙特州 (Vermont)、維吉尼亞州與北卡羅萊納州。在邊疆這一特殊的環境中生存與生活，賦予這些移民和沿海殖民地的移民們有著顯著不同的生活內容與性格。和沿海居民相比，他們更需要拋棄歐洲帶來的習俗與生活方式，去適應這個蠻荒的環境，變得粗野、樸實與堅強。一切都要從頭做起，他們過著原始的生活，居住在簡陋的木屋裡，桌椅都是用樹木釘成。他們焚林開荒，種植玉米、小麥，自製木臼碾磨麥粉。玉米羹、烤鹿肉、野火雞與從附近小河裡捕到的魚都是他們的日常食品。在這種艱苦、單調的生活中，邊民也需要娛樂以豐富生活，民眾大會上舉行野外歡宴，男女新婚之夜鬧新房，拳擊比賽等都是常見的娛樂方式。

　　移居內地的移民基本上都與印第安人處於敵對狀態，當然也有一些人與印第安人保持友善，維持貿易來往。與印第安人為鄰的邊民把自己的木屋當作隨時可能發生戰鬥的堡壘，有時也在水源附近構築堡壘，以防印第安人的襲擊。他們出門也隨時帶著滑膛槍自衛。第一代邊民與印第安人的關係，基本上奠定了獨立後白人與印第安人關係的模式，並把它提升為聯邦政府的印第安人政策。

第三節　美利堅民族的形成

　　雖然北美殖民地的居民在不同的地區有不同的社會經濟生活，但他們之間的共性使他們形成了一個新的民族——美利堅民族，至十八世紀中葉，美利堅民族基本上已經形成。

　　在人類的文明史上，我們看到在共同的地域形成一個民族的現象。美利堅民族也是在一個共同的地域——北美沿海地區形成的，北美這塊廣闊無垠、有待開發的土地給予他們形成新民族的環境。雖然他們分別來自英國與歐洲各國，具有不同的歷史文化背景，但一到北美後，他們都必須適應新的環境，都需要揚棄原來的習俗，漸漸地形成新的習俗，形成一種新的「美洲特性」。這個美洲特性，即美利堅民族的性格與心理，基本上是以英國的文化與習俗為主，畢竟英格蘭移民是最早到達且數量最多的移民。但德國、荷蘭、法國血統的居民也占有相當的比例，特別是德國居民。旅美的法國農學家克里維庫爾 (J. Hector St. John de Crèvecoeur) 比較北美與歐洲的人民後發現，雖然北美人民都來自歐洲，但他們已經不同於歐洲人，他們是一種新人，一個新的民族。他對新環境下的這個民族的形成有過一段生動的描繪：「歐洲人初到這裡，無論目光、胸襟都是極其狹隘的，但他們在這塊自由的土地上，呼吸新鮮空氣之後，頓時就形成了新的胸懷，新的思路，探索新的生活方式。這個新人放棄了從歐洲帶來的偏見與習俗，以新的生活方式和新的社會地位接受新的偏見與習俗。」

在這個新民族的形成過程中，一個基本條件就是北美充分的自由
土地。在北美殖民地，除黑人奴隸、租佃戶與大商人、種植園主
這兩個極端外，北美的社會結構與歐洲有明顯的不同。如下圖：

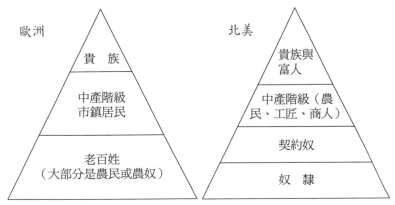

圖4：歐洲與北美的社會結構

　　保有一塊土地的農場主，因為有自己的一份財產，經濟上與
政治上是獨立的，他們既有上升的機會，也有獨立的尊嚴。自由
土地使北美社會具有很大的流動性，提供每個中產階級成功的機
會。美利堅民族主要是由獨立農場主為主的中產階級構成的。
　　與早期的西班牙美洲殖民地不同，英國在北美並未採取直接
統治，而是由政府頒發特許狀的公司所管理，這種間接統治的方
法給了移民較為寬鬆的發展空間，有利於他們獨立自主與建立新
的生活方式。由於殖民地人民的爭取，以後，母國政府也給了北
美人民較多的自治，使殖民地人民可以在這塊自由土地上進行民
主試驗。北美居民很早就發展了代議制即是一例。這種代議制比

圖 5：班傑明・富蘭克林

英國的下議院有更廣泛的代表性。雖然對選舉資格有財產規定，但大多數白人成年男子都擁有一塊土地，足以達到選舉資格的規定。在分配代表名額時，新英格蘭各殖民地每個市鎮都有權派代表參加議會。新英格蘭以外的地方，選派代表的單位經常是郡 (county)。郡是中部、南部殖民地的基層政治組織，但居民迅速西進的形勢使新建郡制與代表名額的增加往往跟不上。

十七世紀下半葉至十八世紀上半葉的啟蒙運動理論傳入北美，成為北美民主試驗的指導。啟蒙思想在等級森嚴、貴族統治的歐洲不易貫徹，但北美的社會結構卻為啟蒙思想提供了實驗場。即使沒有讀過牛頓與洛克著作的普通農民，也能輕易接受他們的科學與民主的思想。啟蒙思想鼓勵他們按理性去適應環境，創建生活，鼓勵他們進行一項項民主試驗。可以說，美利堅民族是清教主義與理性主義結合產生的。其中的代表人物是班傑明・富蘭克林 (Benjamin Franklin)。富蘭克林被稱為第一個美洲人，是「美洲特性」的代表。在北美大陸自由的環境與啟蒙思想薰陶下，他大度而傑出的一生象徵著正在形成的美利堅民族的性格。

富蘭克林出生於波士頓平民家庭，發跡於費城，之後的大部

分時間在英、法度過，為美國人民執行政治使命。啟蒙運動提倡思想自由，作為一個印刷商，富蘭克林努力捍衛自己的出版自由。啟蒙運動鼓勵自由貿易，作為一名駐歐洲國家的外交官，他為美國爭取貿易自由的權利，寫下了大量經濟與經營方面的格言。他還是一位傑出的科學家與發明家，在閃電中放風箏與進行電的實驗早已是家喻戶曉的故事。在富蘭克林成功的事業背後，顯現的是美洲特性與美利堅民族精神：勤奮上進，崇尚財富與創新，熱愛自由。這樣的一個民族一旦條件成熟之後，必定會衝破殖民統治的羈絆，謀求獨立與發展，編織他們的夢想，是謂「美國夢」。

第二章 | *Chapter 2*

聯邦制國家

第一節　獨立戰爭

　　英國的壓制和剝削，導致已具有民族意識的十三個殖民地謀求獨立。

　　英國對殖民地的政策是以十七世紀的重商主義為指導原則的。英國把殖民地視為有利於發展本國經濟的原料供應地，不讓殖民地在工業上與母國進行競爭。母國的重商主義引發殖民地的不滿與反對，這些殖民地都謀求經濟上的發展。

　　殖民地與英國的對立在政治上表現為英王委任的總督與殖民地議會之間的不斷衝突。移民在建立殖民地後，即模仿英國制度著手成立議會與代議制政府，維護個人自由，殖民地的歷史因而充滿了民選議會與總督之間的對抗。

　　英國在很長一段時期對殖民地的統治是比較寬鬆的，因此，十三個殖民地對於把自己留在大英帝國範圍內還是脫離英國的這

個選擇猶豫不決。北美走向獨立是一個漫長與勉強的過程，只是在英國決心加強對北美殖民地的壓制時，這個過程才大大地加速了。

　　歐洲大國，主要是英、法、西班牙，為爭奪歐洲霸主地位與北美領地，展開了長達一個世紀的戰爭，英法之戰（七年戰爭，1756～1763）是這一系列戰爭中最後、也是影響最深遠的一次。英國徹底打敗了法國，把法國驅逐出了北美大陸。清除了法國的威脅使英國可以放手加強對殖民地的統治，同時英國也亟需把這次戰爭中的巨大消耗轉嫁給北美殖民地，於是英國改變了過去那種寬鬆的殖民政策及與殖民地的鬆散關係，推出一系列旨在加緊壓榨的法令。第一個法令是「為了改善帝國稅收」的《糖稅法》（*Sugar Act*, 1764），第二項法令是《印花稅法》（*Stamp Act*, 1765），第三項法令是《駐軍條例》（*Quartering Act*, 1765），規定殖民地必須對駐在地英軍提供營房與必需的給養。殖民地人民反對這些法令，在他們看來，這不僅加重稅收負擔，而且表明英國議會從沒有把殖民地人民看作本國的同胞。過去殖民地人民最引以自豪的是英國的代議制對人民自由的保障，這是他們與母國的感情所在。現在他們從這些法令中看不到對殖民地人民的人權保證，因而大大地損害了他們與母國保持忠誠感情的基礎。

　　殖民地人民深受母國先進思想的影響。洛克的天賦人權與政府論使英國人懂得生命、自由與私有財產是每一個人的天賦權利，政府的職責就是維護人民的這些權利，因此，當政府不能履行其職責時，人民有權推翻它，重組政府，這同樣是人民的天賦權利。

殖民地人民也具有同樣的信念：英國議會有維護殖民地人民的生命、自由與私有財產的職責；而不經殖民地人民的同意，擅自對他們徵稅就是剝奪殖民地人民的財產權，這也意味著生命、自由失去了保障，殖民地人民再也不是自由的了。殖民地人民認為，北美居民遵守《航海條例》(*Navigation Acts*)❶已經是對母國的重大貢獻，這是人所共知的事實。如果要讓他們作出更進一步的直接貢獻，那也應該由殖民地的代表來作決定，而不應由遙遠的英國議會把徵稅的法令強加給他們。殖民地居民提出了這樣的口號：「無代表，不納稅」(No taxation without representation)，這個口號後來成了一句口頭禪，打動了殖民地居民，爭取他們參加反英獨立鬥爭。

　　然而，這並不是說，殖民地居民要求派出幾名代表去參加英國議會，他們知道，這樣做不會影響議會對殖民地作出的決定，反而是給英國議會實行嚴厲的殖民政策披上合法的外衣。因此，這個口號合乎邏輯的結果是讓殖民地的代議制政府決定稅收與一切事務，其結果必然是北美獨立。但在當時，北美人民確實還沒有想到獨立。

　　英國暫時作出讓步。1770 年，《印花稅法》取消了，《糖稅

---

❶ 指 1660 年英國頒佈的《航海條例》。該條例規定，殖民地的某些產品只能直接運往英國、愛爾蘭或其他英國殖民地，這些產品包括食糖、靛青和菸草，至十八世紀又加上大米和糖漿。不在規定範圍內的產品可以由英國船隻從英國殖民地直接運往外國港口。這項法案對於殖民地人民買賣商品十分不便，也造成北美殖民地人民對母國的不滿。

法》修改了，除茶稅外，所謂的《湯森稅則》(*Townshend Acts*, 1767)❷全都廢除了。至於茶稅是作為英國權力的象徵而加以保留的。

在這個殖民地的表面勝利後，形勢平靜了三年。在此期間，一方面是北美的革命志士策劃繼續鬥爭，形成一個目標——北美獨立，各地都設立「通訊委員會」從事革命宣傳；另一方面是英國等待時機捲土重來，英國決心對殖民地採取更加強硬的立場。

衝突終於發生了。當壟斷茶葉貿易的東印度公司，不顧波士頓當地居民的反對，準備卸下船上的茶葉時，1773 年 12 月 16 日夜晚，一群革命志士登上三條停泊在港口的英國船，把船上的茶葉倒入波士頓海港，這就是美國獨立史上著名的「波士頓傾茶」事件 (Boston Tea Party)。

英國決定利用這一事件。議會制訂了一系列「強制法案」(Coercive Acts)，如《波士頓海港法令》(*Boston Port Act*, 1774) 規定在茶葉得到賠償前，封閉波士頓港。這一法令對波士頓的生存構成了嚴重的威脅，因為這會給波士頓的經濟造成災難。其他的法令，如規定國王有權任命麻薩諸塞的議員、陪審團由警察局長指定，法官與警察局長則由總督任免。還有法令規定，市鎮會議非經總督許可，不得召開。總之，這些法令把殖民地長期保持的

---

❷ 英國議會於 1767 年 6 月 15 日至 7 月 2 日通過的一系列為維護殖民統治權的法令的總稱。因為是由當時英國財政大臣湯森 (Charles Townshend) 提出，所以以此為名。

代議制民主完全剝奪了。

　　造成北美殖民地與英國衝突的另一個重要原因是西部土地。殖民地人民隨著人口增長與經濟發展，向阿帕拉契山脈(Appalachian Mountains)西部擴張，但遭到英國的阻止。英國不願殖民地擴張土地，增強勢力。在制訂上述法令的同時，英國又通過了《魁北克法令》(*Quebec Act*, 1774)，擴大了魁北克的疆界，並保障法裔居民享有宗教自由與保持原有習俗的權利。英國此舉的真正目的是阻止殖民地人民向西擴張，利用信仰天主教的魁北克居民把殖民地與北部和西北部隔絕起來。

　　殖民地人民把上述那些強制法令與《魁北克法令》統稱為五項「不可容忍的法令」(Intolerable Acts)而加以反對。在維吉尼亞議會的倡議下，各殖民地代表於 1774 年 9 月 5 日在費城召開第一次大陸會議，「就殖民地目前的悲慘處境進行磋商」。會議通過決議，聲明絕不服從強制法令，並通過了一項〈權利與原由陳情書〉。

　　第一屆大陸會議的意義在於，雖然從其會議的動機與通過的決議看來，殖民地人民尚無宣佈獨立的意向，抗爭也還停留在申訴與不滿的程度，但大陸會議實際上使北美的反英抗爭成為一個有組織有領導的自覺運動，在英國決意鎮壓的情況下，大陸會議勢必會領導北美人民走向獨立。這個歷史使命很快就由第二屆大陸會議承擔了。

　　與第一屆大陸會議不同，第二屆會議是在獨立戰爭實際上已經開始的背景下召開的。當第一屆大陸會議向英國提出申訴時，

圖6：美國〈獨立宣言〉副本

麻薩諸塞人民已經著手武裝自己，而英國一開始就動手意圖消滅武裝民兵。1775 年 4 月 19 日，英軍與武裝民兵在萊星頓 (Lexington) 與康科特 (Concord) 爆發衝突，萊星頓與康科特的民兵為北美獨立灑下了第一腔熱血，並給予英軍沉重的打擊，使他們狼狼地撤回到波士頓。

萊星頓與康科特的消息迅速傳遍北美大地，揭開了獨立戰爭的序幕。第二屆大陸會議實際上擔負起領導戰爭的責任。大會發表了激勵人心的「為何必須拿起武器」宣言，宣稱「我們的事業是正義的，我們的聯合是完美的，我們內部的資源是豐富的，並且必要的話，我們無疑可以取得外援……」。會議著手建立大陸軍，任命喬治·華盛頓為大陸軍總司令。1776 年 7 月 4 日，大陸會議通過了由傑弗遜起草的〈獨立宣言〉(*Declaration of Independence*)。

〈獨立宣言〉結束了北美殖民地在選擇獨立還是在帝國內部

實行自治的漫長過程，確定其目標是在北美建立一個新的國家。宣言分成三部分，第一部分闡述北美革命的政治哲學，即獨立與平等。宣言指出，「人人生而平等」(All men are created equal) 是不言而喻的真理。第二部分是控訴英國侵犯北美人民的自由，歷數英國犯下的罪行，證明北美人民謀求獨立是合乎正義的。第三部分則向全世界鄭重宣告北美獨立，「這些聯合一致的殖民地從此是自由和獨立的國家，並且按其權利也必須是自由和獨立的國家」。

北美獨立戰爭在雙方力量對比極為懸殊的情況下展開。〈獨立宣言〉發表後的幾個月，大陸軍在戰場上節節敗退，形勢極為嚴峻。直到 1777 年薩拉托加戰役 (the Battle of Saratoga) 才成為獨立戰爭轉敗為勝的轉捩點。英國的約翰·伯戈因 (John Burgoyne) 將軍的進攻被大陸軍擊退，伯戈因撤退到薩拉托加，宣告投降。

大陸會議早就考慮到爭取外國，主要是法國的援助。這不僅是必要的，也是可能的，因為法國為了向英國復仇，為了重新回到北美，非常樂於支持北美取得獨立。法國外交大臣在給國王路易十六 (Louis XVI) 的一份備忘錄中列舉了北美獨立帶給法國的好處。實際上，在〈獨立宣言〉發表前，法國已經秘密地向北美提供援助，薩拉托加戰役中，大陸軍百分之九十的武器彈藥來自法國商人。北美需要的是和法國正式結盟，以便取得公開和正式的援助，只是在北美反英戰事不斷失利的情況下，法國並不願給予北美公開和正式的援助，更不會和北美結盟，共同對英作戰。薩拉托加戰役改變了法國的觀望態度，決心承認美國獨立，一同

並肩反對英國。1778 年 2 月 6 日，法美簽訂《同盟條約》(*Treaty of Alliance*)，根據該條約第二條，法國承認與有效地維護美國的獨立，並保證承認美國的領地，以及在戰爭期間可能從英國獲得的土地。同時，美國也承認法國在美洲的所有領地與其他在談判桌上可能會得到的地方。除法、美各自的承諾外，條約規定未經法國的贊同，美國不得同英國媾和。

　　雖然獨立戰爭是北美人民英勇戰鬥的成果，但法國的作用同樣是決定性的，可以說，沒有法美聯盟，北美人民不可能取得如此的勝利。在盟約簽訂後不久，法國派送了一支由六千人組成的遠征軍到美國。法國軍艦增加了英國在補給與增援方面的困難。1778 年，在法國艦隊的威脅下，英國被迫從費城撤退。同一年，英國又在俄亥俄河 (Ohio River) 流域遭到許多挫敗，從此，美國控制了整個西北地方。這時，英國集中軍事力量在南部地區。1780 年初，英軍占領卡羅萊納全境，次年，全力進攻維吉尼亞，但是，那年夏天，一度控制美國沿海的法國艦隊把美法的軍隊運送到切薩比克灣 (Chesapeake Bay) 地區。美法聯軍人數達到一萬五千人，康沃利斯 (Charles Cornwallis) 領導的八千英軍被圍困在維吉尼亞海岸的約克鎮 (Yorktown)。1781 年 10 月 19 日，康沃利斯投降，軍事行動畫上了句號。

　　接著是和平談判。美國的談判代表不顧法美聯盟的規定，撇開法國，同英國單獨談判。法國支持北美獨立，但又不想看到有一個幅員遼闊與強大的國家出現在北美。這樣一個國家必將成為法國更可怕的競爭對手。美國人民則早已看清法國的意圖，富蘭

克林說過：「我們可以依賴法國人，但他們只是為了看到我們和英國分離。我們變成一個偉大而不可輕視的民族不符合他們的利益，因此法國人不會幫助我們成為如此的民族。」法國的希望落空了。美英談判預備條約的主要內容是獨立與領土，包括：一、英國承認北美的「完全獨立」。二、給予美國廣闊的邊界：北至大湖與聖羅倫斯河；西至密西西比河 (Mississippi River)；南部以北緯三十一度線與佛羅里達 (Florida) 為界。這個邊界遠遠大於十三個殖民地，也遠超過美國在戰場上贏得的地區。最後的《巴黎和約》(*Treaty of Paris*, 1783) 基本上與預備條約相同，於 1783 年 9 月 3 日簽字。

　　《巴黎和約》後，北美由英、美、西三國分別占有。美國的版圖是條約規定的領土；英國占有加拿大；密西西比河以西地區與北緯三十一度以南的北美領土仍歸西班牙。《巴黎和約》後，美國認為，法美聯盟不再符合美國的利益，1800 年美法簽訂《莫特楓丹條約》（*Treaty of Mortefontaine*，又稱《1800 年協定》 *Convention of 1800*），規定廢除《同盟條約》與所有先前的法美條約。

第二節　聯邦制國家

　　獨立戰爭的結果是美國誕生了十三個國家，而不是一個。我們必須記住這個概念，這十三個國家，源於十三個殖民地。事實上，十三個殖民地是為了擺脫一個共同的壓迫者——英國，謀求

獨自成為一個主權國家而聯合起來的。大陸會議曾在特殊的情況下履行政府的職能，但大陸會議不是一個全國性政府。在獨立戰爭期間，大陸會議通過決議要求十三個殖民地成立新政府，在〈獨立宣言〉發表的一年之內有十個州制訂了本州的憲法，在這些憲法中，普遍地以〈權利宣言〉或〈權利法案〉為開頭，同時各州憲法都實行分權（行政、立法與司法三權分立）與各部門相互制衡的原則。這些州憲法像是為後來制憲會議 (Constitutional Convention) 制訂聯邦憲法作準備。

十三個州之間應是什麼樣的關係？建立一個權力凌駕於各州之上的全國性政府，還是成立一個鬆散的邦聯？大陸會議經常討論建立永久性全國政府的問題，最後在 1777 年通過了《邦聯條例》(*Articles of Confederation*)，成立一個與大陸會議相當的邦聯國會。

在當時的情況下，要建立一個握有國家主權的全國政府是不可能的，因為每個州都不願把主權交給全國政府。每個州都只希望有一個鬆散的聯合，而不是一個由十三個州組成的真正的合眾國。1777 年通過的《邦聯條例》就是要建立一個各自為政的十三個州的鬆散聯合。

這導致了獨立後的全國性危機，這個危機表現在兩個方面：獨立的喪失與經濟的混亂。英、法、西等歐洲大國看到獨立後的美國不是一個主權國家，因此對美國十分蔑視。她們對美國實行分裂活動與貿易歧視，試圖讓美國回到殖民地狀態。在制憲前，已出現了這樣的現實危險。謝斯起義 (Shays's Rebellion) ❸ 是在國

家經濟急劇惡化的情況下發生的。國會與上層社會視這次起義是改革的信號，即如果美國再不實行政治體制的改革，成立一個全國性的主權政府，新生的美國將會滅亡於搖籃之中。華盛頓形容邦聯是一條用沙土合成的繩索。

　　1787 年 5 月至 9 月，在費城召開有五十五名代表參加的具有歷史意義的制憲會議。這次會議本來的意圖是修改《邦聯條例》，但很自然地變成制訂新憲法、改革美國政治體制的會議。這些參加制憲的代表因此被世世代代的後人尊為「開國元老」(Founding Fathers)。

　　費城會議上提出了兩個不同的改革方案。維吉尼亞州的藍道夫 (Edmund Randolph) 提出了一個由詹姆斯 · 麥迪遜 (James Madison) 起草的計畫。其大意是，建立一個全國性政府，它是十三州全體人民的而不是州政府的結合。代表名額不按州而按人口比例分配。

圖 7：麥迪遜

---

❸　1786 年秋，約有兩千名西部地區的農民，因重稅壓迫與債務威脅，在革命戰爭退伍軍人丹尼爾 · 謝斯 (Daniel Shays) 領導下發動起義，不久即被州政府武裝鎮壓。

這個全國性政府由三個相互制衡的部門組成:一個兩院制的立法
機構、一個獨立的行政機構和一個獨立的司法機構。這個政府結
構明顯借鑑於各州憲法中的三權分立。另一個方案是由紐澤西州
的佩特森 (William Paterson) 提出,其大意是,保留現在的全國性
國會,可以擴大其若干權力,例如有徵稅權,管理對外貿易權,
但是它仍是各州的結合,而不是人民選舉的全國性政府。佩特森
的計畫反映了小州代表的顧慮,他們擔心一旦全國性政府建立後,
大州會控制它,而不顧小州的利益。制憲會議以 「大妥協」
(Great Compromise) 來消除這些顧慮,從而為實現麥迪遜計畫,

圖 8:費城制憲會議
圖為會議期間華盛
頓(右)和富蘭克林
(中)進入大廳的情
形。

建立全國性政府掃除障礙。大妥協主要是，在參議院中所有各州保有同等的代表名額。此外，還有幾條規定：主要為了保護南部利益，眾議院的代表名額與直接徵稅額須按人口比例分配；規定每五個奴隸等於三個自由人；所有籌款與政府開支的議案均由眾議院首先提出；每十年進行一次人口普查。

美利堅合眾國的憲法按這些原則產生。根據憲法，一個有主權的全國性政府取代一個沒有主權的全國性國會。這個全國性政府的基本構建是聯邦制與三權分立。最高主權從州政府轉移到全國性政府。合眾國憲法與所有根據憲法簽訂的條約與制訂的法律，都是全國最高的法律，高於各州的法律，並對各州法院有約束力。聯邦政府有權解決州與州之間的爭端，還可以召集民兵予以協助。與此同時，州保持其管理每個州內部事務的權力，特別是經濟、社會福利與教育方面，其權力也是憲法授予的，因而不受聯邦政府的干預。州政府與聯邦政府是憲法保證的各自獨立之權力機構，是謂美國聯邦制。

制憲會議通過的憲法，在以後的兩年中，交到各州去討論與爭取批准，各州的州議會號召人民批准憲法。人民關心的不是保持州的主權，而是擔心全國性政府的權力會過於強大與不受約束，從而變成壓迫人民的政府，美國仍然會從共和制走向專制。他們認為，三權分立還不足以確保防止走向專制。人民對州憲中普遍具有人權法案而在合眾國憲法中卻沒有人權法案感到不滿與疑慮。結果許多州的人民主張憲法批准要以增加人權法案為條件。有六個州建議在憲法中加入修正案，並列舉政府不得侵犯的人民

權利。最終，在被批准的 1789 年憲法中附上了由麥迪遜起草的
〈人權法案〉(*Bill of Rights*)，即《美國憲法》的第一至第十條修
正案。〈人權法案〉明確闡明了人民的各項自由（宗教信仰、言論
與新聞出版等）與權利（集會、向政府請願、攜帶武器、由陪審
團進行審理、其他法律保障之權利等），政府不得侵犯人民的這些
自由與權利。〈人權法案〉還禁止頒發搜查狀、過高的保釋金、殘
酷的刑罰以及在私人住宅內駐軍。此外，第九條修正案規定，除
上述這些權利以外的其他權利不得被認為是可以侵犯的。第十條
修正案則規定，除憲法規定授予全國性政府行使或禁止各州行使
的權力，其餘權力都保留給州或人民行使。〈人權法案〉把這個全
國性政府變成了一個限權政府。就是說，憲法不僅賦予了政府以
促進人民福祉為目的之必要權力，而且剝奪了它侵犯人民自由與
權利的權力，使其成為一個權力受到明確限制的政府。《美國憲
法》的制訂是美國歷史上第一次也是最重要的一次改革試驗，是
美國文明光輝的一頁。

第三節　建國初期的政治與外交

制憲後的美國走上穩定與建設的康莊大道。實際上，美國到
這時才成為一個國家，1789 年德高望重的華盛頓當選為第一任總
統，他任命亞歷山大‧漢彌爾頓 (Alexander Hamilton) 為財政部
長，專治經濟；任命湯瑪斯‧傑弗遜為國務卿，主持外交。漢彌
爾頓與傑弗遜都是國家主義者，致力於維護美國國家利益，但二

圖9：華盛頓宣誓就任美國第一任總統

者的政治主張與思想理念有著重大差別。

　　漢彌爾頓崇拜英國，堅持以英國為榜樣，建設一個富強繁榮的美國。他提出了一個使國家經濟繁榮的計畫，主張支持公眾信貸、保護關稅、振興製造業、培植一個富有的工商階級，並爭取他們支持政府。他起草了《關於製造業的報告》(*The Report on Manufactures*, 1791)，內容主要是通過保護關稅與發放補助金來發展製造業，達到工業化的目的。該報告被認為是美國工業化的宣言書。他要求成立國家銀行，向富有者貸款發展國家的信貸事業。在外交上，他主張維護英美的密切關係，因為當時美國百分之九十的進口來自英國，其中一半以上用英國船隻運載，百分之五十的出口輸往英國。英國對美國的發展至關重要，損害英美關係對年輕的共和國簡直是不可想像的。

圖 10：傑弗遜

傑弗遜尋求一條與工業化不同的農業繁榮之路。他認為為了經濟發展，也可以搞一點製造業，也需要擴大對外貿易以增加社會財富，但他看到歐洲工業化產生的腐敗與貧富分化，所以勾勒了一個農業理想社會的藍圖，認為農民是這個社會的基礎，他們會保持美德，使社會不發生腐敗。傑弗遜不信任商業，反對壟斷，反對政府偏袒特殊利益集團。傑弗遜的綱領雖然不能實現，卻成為之後激進派與民主派的思想源泉。傑弗遜實際上高舉了現代工業社會所追求的公平與平等的大旗。傑弗遜與麥迪遜皆認為，美國不能依賴英國，和歐洲各國廣泛的外交與貿易才符合美國的國家利益，並有利於美國擺脫對英國的依賴。

漢彌爾頓派與傑弗遜派發生了激烈的爭執。前者被對方指責為「親英派」，後者則被描繪為「親法派」。在這場爭論中，出現了美國最早的政黨——聯邦黨與共和黨。這場黨爭實質上是美國建國後對國家發展道路的探索，是對維護自由與平等這兩個基本價值的探索。

總統華盛頓正確地對待這場黨爭，但他相信，漢彌爾頓的工業化主張更符合美國的國家利益與時代大潮。在華盛頓的支持下，聯邦黨人保持了優勢地位，從 1781 年至 1800 年的二十年中，聯

邦黨人控制了政府，漢彌爾頓的經濟計畫一個個得到落實。在 1800 年的總統選舉中，傑弗遜贏得了勝利，開始了美國早期歷史上「共和黨人時代」，聯邦黨人從此在歷史舞臺上消失了。

　　華盛頓在外交上奉行「中立」外交：美國孤立於歐洲大國的紛爭之外，不介入戰爭的任何一方，恪守中立。1793 年歐洲爆發戰爭，次年 4 月，華盛頓發表〈中立宣言〉(*The Proclamation of Neutrality*)。1796 年，華盛頓退休回鄉。他在由漢彌爾頓為他起草的「告別演說」(Farewell Address) 中，再次告誡他的同胞，美國要奉行孤立主義 (Isolationism) 與中立政策，他說：「我們正確的政策是避免和外部世界任何地方建立永久同盟。」至於必不可少的暫時同盟，那也是為了「應付非常緊急的事件」。華盛頓闡述的孤立主義為美國外交確立了一個「大準則」，其後，美國歷屆政府都遵守華盛頓的囑咐，奉行中立。1798 年發生法美準戰爭 (Quasi-War)，1812 年發生第二次英美戰爭，在這兩次戰爭中，亞當斯政府與傑弗遜政府利用了「歐洲戰爭，美國有利」的形勢，維護了美國的主權與尊嚴，同時，堅持了傳統的對歐洲的中立政策。直到第二次世界大戰爆發，美國沒有與其他國家結盟。

　　歐洲戰爭結束後，歐洲大國試圖在已經解放了的中南美洲實行殖民復辟，1823 年這一野心勃勃的計畫似乎將會變成行動。美國擔心以法俄為首的神聖同盟在美洲的殖民復辟會對美國造成威脅。門羅 (James Monroe) 總統在 1823 年底的國情咨文中闡明了美國政府的立場。咨文中寫到：「今後歐洲任何大國不得把美洲大陸業已獨立自由的國家當作將來殖民的對象。」咨文還提出了兩

個世界的概念：世界上已分成君主制的舊世界與共和制的新世界，
它們在實質上是不同的，神聖同盟將其制度擴展到美洲是「對我
們（美國）的和平與安全的威脅」。美國當時並無力量來支持美洲
反對法俄英的野心，但門羅咨文確實是一個道義上的支持，並且
把美國利益與中南美洲國家的利益置於一起，即所謂「共和制的
新世界」。一代人以後，門羅的這一思想理念被定義為「門羅主
義」(Monroe Doctrine)。

America

第 II 篇

國家的成長與統一

第三章 | *Chapter 3*

國家的成長

第一節　西進運動

　　十九世紀對西部的開拓，構成了美國歷史上的重要一章，史
稱「西進運動」(the Westward Movement)。最早進入西部的是皮
貨商人和探險家。約 1700 年，他們開始越過阿帕拉契山向西推
進。儘管對阿帕拉契山以西地區知之甚少，獨立戰爭前的半個世
紀，沿海十三州的居民就開始了向西推進的潮流。獨立戰爭後數
以萬計的居民奔往西部。開國元老之一約翰·傑伊 (John Jay) 說：
「一股向西部土地移民的狂潮在蔓延，……一個偉大民族的種子
正每天每時播種在山區以西的地方。」 僅田納西 (Tennessee) 一
地，在 1775 至 1790 年間，就有十萬美國人定居。《巴黎和約》以
後，密西西比河以東地區，正式列入美國版圖，為西進敞開了大
門。

　　渴望土地與利用土地投機發財是西進的主要動力，西進就是

圖 11：托克維爾

一場歷久不衰、延續一個世紀的土地熱。托克維爾 (Alexis de Tocqueville) 對美國人的「西進」這樣評述：「最初是歐洲人放棄茅屋，來到大西洋彼岸定居；而現在，是在同一個岸邊出生的美國人，深入美國中部的荒野。有人對他們說——到西部可以發財致富，於是乎他們就匆匆忙忙奔向西部。」無疑，就其規模來說，「西進」甚至超過中世紀大規模的軍事遠征，是一個十分壯觀的集體行動。「西進」團隊的確切數量我們不得而知，但必定相當眾多。「西進」隊伍中，起先主要是農民，跟隨而至的是醫生、牧師、小業主、技術工人……。這些人在一片新天地裡組成一個朝氣蓬勃的社會——他們從事農耕，建立作坊、工廠，鋪設道路，建立教堂和學校，……正是在他們的努力下，1830 年尚是小鎮的芝加哥 (Chicago) 在短短一代人的時間裡就一躍成為美國中西部最大的城市。他們最先遷到俄亥俄－威斯康辛地區，即「老西部」(Old West)。到 1800 年，密西西比河－俄亥俄河一帶逐漸成為廣大邊疆地區。1850 年以前，「西進」主要在密西西比河以東展開，這些地區大部分有人定居，並建立許多新州；密西西比河以西地區亦出現大量移民潮，但僅建立個別的新州。

1780 年代聯邦政府的 《土地政策法令》 (*Land Ordinance of 1785*) 對「西進」發生重大影響。

殖民地時期，理論上講，全部土地歸英王所有，但實際上土地分配權在各殖民地手中，廣大殖民地居民渴望自由獲得土地。獨立後，美國獲得密西西比河以東地區，各州競相爭取該地區的土地控制權。大陸會議上，各州對此問題分歧嚴重，直到 1780 年，才達成二項原則性共識：一是西部土地交給聯邦政府，成為國家公共土地——這為後來建立聯邦制國家、制定全國性土地政策法令奠定基礎；二是在阿帕拉契山以西建立新州——以平等身分加入聯邦，享有和老州同等的權利。其後，邦聯國會組建以傑弗遜為首的二個委員會，分別制定土地政策和地域政策（建立州）。遠眺美利堅廣袤的土地，傑弗遜不由得憧憬一個美麗燦爛的農業社會——正是從這個理想出發，以他為首的委員會 1785 年制定土地法令：將全部西部土地劃分為無數個邊長六英里的正方形單位，每單位為一個鎮區，然後再劃分為不同的大、小塊出售給農民或土地公司。1785 年的法令是美國歷史上最重要的土地法令之一，其目的是讓農民得到土地，建立私人農場，然而，由於整塊出售，加之地價偏高，許多農民還是買不起。換言之，這種購買方式有利於大土地投機商。1800 年，傑弗遜出任總統，土地政策朝著有利於農民的方向改變：聯邦政府一再縮小土地購買單位面積（從一個地塊單位縮小到二分之一，四分之一乃至八分之一，即八十英畝），每英畝地價亦降到一‧二五美元，只要拿出一百美元即可買到一個農場。這些政策促使部分農民（尤其是西部邊疆

年輕農民）能購得新土地，同時也鼓勵了他們進一步西遷。土質
低劣的土地價格更低，從每英畝一‧二五美元依次遞減至五十美
分，甚至免費給予定居者──這被稱為「逐級降價購買」。還有另
外一種購買形式更受到農民歡迎，叫「優先購買權」──移民西
遷到某地後，先占一塊土地耕作，然後要求政府對其土地占有權
加以追認。不過低價分配土地給農民並不是美國農業發展的唯一
內容。實際上，由於富有的土地投機商、資金力量雄厚的東部土
地公司的介入，地價不斷上漲，使得廣大農民得到土地的難度大
大增加，並不得不借貸以購買土地，這一狀況在美國持續很長時
間。

　　西部移民（廣大農民）是在和土地集團不斷抗衡的情況下進
行謀生的，不論是「逐級降價購買」還是「優先購買權」，都是農
民努力的結果。1840 年代，農民不僅組織「地權俱樂部」向東部
土地公司施壓，甚至以武力阻止他們購買大地塊。當時，這一作
為在國會內部得到反映：1840 至 1841 年，國會通過立法，確立
優先占有權原則。然而，先占權同樣可以為投機商所利用：他們
積極派人趕往西部，到處搶占土地，得手以後再以高價向後到的
農民出售。在這種情況下，整整十九世紀上半期，西進的農民強
烈要求無償給予農民土地。但這一要求，一直到 1862 年的《宅地
法》(*Homestead Act*) 才完全實現。

　　與西部土地問題同等重要的是西部政治體制問題。1780 年原
則許諾在西部公有土地上建立新州，並在加入聯邦後與老州享有
同等地位。傑弗遜委員會後來把這一原則加以具體化，這就是

1787 年邦聯國會通過的最後一個法令《西北地域法令》
(*Northwest Ordinance*)。它把建立新州的過程分成三個階段：一、
東部派出一名總督加以管轄的準殖民地階段；二、當地成年男子
達五千人時，建立準州，召開代表大會，討論本州事務，並派代
表出席邦聯國會，但原總督仍有否決權；三、當人口達六萬時，
即可起草州憲法，正式成立州，並申請加入聯邦，向國會派出法
定人數的參議員和眾議員。由於居民對前兩個階段的不滿，1812
年，國會撤銷了第一階段，並簡化了第二階段的程式。在法令的
指導和推動下，十九世紀初六年之間，美國添了六個新州：印第
安那州 (Indiana, 1816)、密西西比州 (Mississippi, 1817)、伊利諾州
(Illinois, 1818)、阿拉巴馬州 (Alabama, 1819)、緬因州 (1820)。法
令名義上限於老西北地方，實際上適用於全部新領地，並一直延
續到 1950 年代接受夏威夷 (Hawaii, 1959) 和阿拉斯加 (Alaska,
1959) 成為新州。

第二節　大陸領土擴張

　　十八世紀末，移民開始進入密西西比河以西地區。1800 年，
約有一百萬移民定居在阿帕拉契山脈與密西西比河之間的遼闊地
區。就在這時，聯邦政府與擴張主義者也把目光投向這個地區，
乃至整個北美。為了這個目的，他們積極鼓勵東部居民向西部遷
居。
　　傑弗遜是一個民主主義者，也是一個擴張主義者。他試圖通

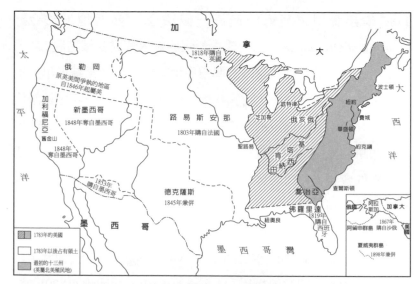

圖 12：美國的領土擴張

過擴大美國版圖，讓美國有足夠的領土來發展獨立的農業，以實現農業理想社會與民主。他說：「我們的迅速發展壯大，會把我們的利益擴大到這個疆界以外，我們會占領整個北美大陸、甚至南美。」在這以後，美國的決策者和公眾輿論，形成一種共識：美國等同於北美，北美是上帝賜給美國人的，這是上天的安排即「天定命運」(Manifest Destiny)。在大陸領土擴張進入高潮之際，約翰·奧沙利文 (John L. O'sullivan，《民主評論》 *Democratic Review* 編輯，積極鼓吹擴張) 明確提出「天定命運」這一名詞。實際上，「天定命運」的觀念，始終貫穿於整個大陸擴張運動中，並成為其指導思想。

　　大陸擴張始於對路易斯安那 (Louisiana) 的購買。路易斯安那

在密西西比河以西，原是西班牙的領地。當美國試圖越過西部疆界時，該地區首當其衝。傑弗遜早就關注這一地區，不光是為了農業土地，更是為了發展海上貿易。廣大西部農民亟需出海口輸出農產品，即通過密西西比河運往紐奧良 (New Orleans)。顯然，這關係到西部乃至整個美國的繁榮與強盛。正如麥迪遜所言：「密西西比河對他們（西部人）來說，就是一切。」

傑弗遜並不急於從衰弱的西班牙手中取得路易斯安那，但當 1800 年西班牙把該地區轉讓給拿破崙時，他決定加快步伐——決不能讓強大的法國坐鎮美國西側。於是，他向法國發出警告：在法國占領紐奧良的那一天，「我們將同英國以及英國的艦隊結合在一起」。當然，這只是一種威脅。美國實際上並沒有和英國結盟共同反對法國，不過，美國卻利用了歐洲戰爭對美國造成的有利形勢，完成了對路易斯安那的購買。1803 年 4 月 30 日，法美簽訂條約：美國以一千五百萬美元買到路易斯安那。拿破崙轉讓該地區的背景是歐洲戰爭。他試圖通過出賣領土討好美國，促使英美競爭與敵對，而且賣地所得還可用於對英戰爭。拿破崙這樣說過：「這一領土的增加確定了美國的強國地位，我正是為了給英國樹立一個海上競爭對手，而這個對手早晚會消滅她的銳氣。」

傑弗遜並不滿足於現有的領土獲得。當時，美國對西部與太平洋沿岸知之甚少，於是在完成購買後，他支持向西探險和滲透，即美國擴張史上著名的「路易斯與克拉克探險」(Lewis and Clark Expedition, 1804～1806)。這個探險隊從聖路易 (Saint Louis) 出發，沿密蘇里河 (Missouri River) 而上，到達西北地方的哥倫比亞河

(Columbia River)。他們帶回大量關於西北地方野生動物資源、土
壤植被、山脈河流等資訊報告，這些資訊在東部得到傳播，使東
部居民大開眼界。

　　雖然大平原和洛磯山區氣候乾燥，樹木稀少，不適合農耕，
但當路易斯和克拉克到達西海岸的俄勒岡 (Oregon) 地區後，發現
這一地區具有特殊的吸引力：既有海岸，可進行商業貿易；又有
皮貨與森林，利於農業發展。於是，許多東部居民紛紛越過大平
原與洛磯山區，移民到更遠的太平洋地區。

　　不論西班牙、美國還是法國，都說不出路易斯安那的明確疆
界，而這一點被美國利用。當美國向西屬佛羅里達擴張時，她就
聲稱，佛羅里達是路易斯安那的一部分。1810 年 9 月，一群美國
移民發動暴動，宣佈成立「西佛羅里達共和國」，麥迪遜政府接著
就宣佈，西佛羅里達是美國的一部分。與此同時，國會授權總統
和西班牙協商取得東佛羅里達，必要時使用武力。1815 年，歐洲
戰爭結束後，美國政府開始和西班牙談判佛羅里達的轉讓。當談
判陷入僵局時，1818 年初，安德魯‧傑克遜 (Andrew Jackson) 將
軍帶領一支三千人的軍隊，越過邊界，進入佛羅里達。1819 年 2
月，西班牙被迫與美國在《美西條約》（又稱《亞當斯一奧尼斯條
約》，*Adams-Onis Treaty of 1819*）上簽字，默認西佛羅里達是路
易斯安那的一部分，讓出東佛羅里達，而且，美西劃定新邊界，
這個邊界最終延伸到太平洋。

　　《亞當斯一奧尼斯條約》的意義深遠：不僅僅是把佛羅里達
給予美國，而且預示著美國的領土擴張要以太平洋沿岸為滿足，

不久的將來，美國將成為地跨兩大洋的洲際大國。所以，這一條約又被稱為《橫貫大陸條約》。亞當斯毫不掩飾地說：這一條約「在我們的歷史上構成一個偉大的時代」。

1830 年代，美國向密西西比河以西直至太平洋沿岸地區的移民，在擴張主義者看來是「天定命運」，實際上為美國進一步的擴張鳴鑼開道。至 1840 年代領土擴張有兩股動力，一是不斷向西擴展的土地主。移民運動往往在經濟蕭條時發生，1819 年的蕭條，刺激了 1820 年第一次向德克薩斯 (Texas) 移民的潮流。 1837 至 1842 年的嚴重蕭條，促使更多的西部居民與南部種植園主向西移民。1845 年，德克薩斯的移民已達十萬人。另一個動力是大西洋沿岸的商人與工業家。他們渴望美國成為太平洋國家，以便越過大洋和亞洲進行貿易。這樣，東、南、西部均有領土擴張的願望，只不過要求不同罷了。西部土地主要得到俄勒岡，南部種植園主注視著德克薩斯，而大西洋沿岸的商人則說：我們需要太平洋上的港口。

第一個行動是和英國爭奪俄勒岡。1819 年《亞當斯－奧尼斯條約》和 1824 年的《俄美條約》(Russo-American Treaty of 1824) 簽訂後， 俄勒岡成為英美共占地區 ， 美國人不斷向那裡移民。1842 年，幾百名農民到達威拉米特河 (Willamette River) 肥沃的河谷，開始了「俄勒岡熱」。1845 年，移民達到五千人，多數人生活在哥倫比亞河以南，少數獵人和商人生活在北邊。俄勒岡變成有爭議的地方。美國試圖得到整個俄勒岡地區，但沒有成功，而當時，美國為了從墨西哥獲得新墨西哥 (New Mexico) 和加利福尼

亞 (California)，同墨西哥的關係愈來愈緊張。為了滿足不同地區
的擴張要求，美國不得不和英國妥協，表示願意以北緯四十九度
為界線，和英國分割俄勒岡。英國此時也希望和平解決俄勒岡爭
端，面對美國移民的湧入，放棄俄勒岡南部似乎勢所必然。1846
年 6 月，英國政府按照美國的意思提出建議，6 月 15 日，波爾克
(James K. Polk) 總統正式簽署條約，國會予以批准。美國獲得了
北緯四十九度以南的俄勒岡地區。這時，美國可以集中注意於墨
西哥戰爭了。

　　美墨戰爭的起因是美國合併德克薩斯。《亞當斯－奧尼斯條
約》 中，美國確認西班牙對這個墨西哥最北部省份的所有權。
1821 年，西班牙當局以慷慨的土地授予來鼓勵美國移民的進入，
其目的是想藉此把德克薩斯變成制止美國擴張的緩衝區。 1821
年，墨西哥脫離西班牙獨立，新政府繼續這一政策。十年內二萬
多美國人越過邊境進入德克薩斯，其中大多數是農民。西班牙和
墨西哥的政策證明是災難性的，因為這正好帶來天定命運的藉口。
不久，移民不可避免地和當地政府發生衝突。墨西哥政府被打敗，
被迫簽訂條約，承認德克薩斯獨立，並把南部與西部邊界確立在
格蘭特河 (Grand River)。德克薩斯人要求美國合併，但是美國鑑
於國內形勢，沒有立即這樣做。當時，美國南北雙方關於奴隸制
的紛爭日益激烈，保存奴隸制的德克薩斯加入美國聯邦會破壞這
一平衡。

　　然而，國際干涉促使美國把合併德克薩斯提到議事日程上來。
英法等歐洲大國都覬覦德克薩斯，英國特別希望她成為英國棉花

供應地與低關稅商品市場。 1844 年，外交大臣亞伯丁 (George Hamilton-Gordon, 4th Earl of Aberdeen) 設想了一項國際協定：墨西哥承認德克薩斯獨立，英法美保證德克薩斯的獨立與現存邊界。英國的干涉引起了美國的擔心，也成為美國合併的藉口。1845 年初，美國國會通過聯合決議，批准對德克薩斯的合併，3 月 1 日，泰勒 (John Tyler) 總統簽署這一法案，導致了美墨戰爭。

美國合併德克薩斯後，墨西哥宣佈與美國斷交，接著美墨舉行談判。然而，美國希望透過外交使墨西哥不僅接受美國合併德克薩斯，還把新墨西哥與加利福尼亞讓與美國。加利福尼亞是墨西哥領土的一部分，但墨西哥對此地缺少有力控制，使加利福尼亞成為英俄美競爭的地區。俄國試圖把俄屬美洲領土擴大到加利福尼亞，進而併入俄羅斯帝國。俄羅斯還和墨西哥簽訂一項條約，以俄國承認墨西哥的獨立來換取加利福尼亞。英國也覬覦加利福尼亞。英國駐蒙特雷 (Monterey) 的領事一再敦促英國奪取加利福尼亞。英國駐墨西哥公使則建議勾銷墨西哥欠英國的債務，以換取加利福尼亞。雖然美國在遙遠的加利福尼亞沒有移民，但美國對該地區的勘查正積極進行。美國駐墨西哥公使告訴美政府，這是「世界上最富饒、最美麗的地方」。俄勒岡談判與德克薩斯合併時，加利福尼亞已赫然聳現在美國面前。事實上，美國正是因為心裡已想到加利福尼亞，才在俄勒岡問題上和英國妥協的。

談判破裂後，美國悍然發動戰爭。1846 年 4 月，雙方發生第一次衝突。9 月 17 日，美軍攻占墨西哥城。1848 年 2 月，兩國政府簽訂和約：墨西哥割讓加利福尼亞與新墨西哥給美國，承認德

克薩斯的合併；美國向墨西哥政府支付一百五十萬美元，並承擔
美國公民三百二十五萬美元的債務。美國以一場戰爭取得了她所
要的全部領土。而 1853 年的 「加茲登購買」 (Gadsden Purchase)
完成了領土的最後調整，美國駐墨西哥公使加茲登 (James
Gadsden) 以一千萬美元購買了縱貫美國西南部洛磯山脈的許多
山口。

　　購買阿拉斯加是美國最後一次大陸領土擴張，同時揭開美國
十九世紀末海外擴張的序幕。1867 年 3 月，美俄簽訂條約，美國
以七百二十萬美元購買面積相當於兩個德克薩斯的俄屬美洲。此
次購買的主要動機是為了未來的太平洋貿易，不僅受到大西洋沿
岸商人的支持，也得到中西部地主的贊同。1850 年代以來，特別
是內戰時期，中西部的農業有了長足的發展，密西西比河流域不
僅是美國的穀倉，也是世界小麥的供應地，因此中西部的農場主
也日益要求海上貿易。大陸領土擴張的兩股動力合二為一，一致
支持海外擴張。順利購買阿拉斯加，反映了這股強有力的擴張主
義潮流。這股潮流後來引領美國合併夏威夷與發動美西戰爭，並
使美國走向霸權主義。

第三節　一個民族國家的成長

　　西進運動與大陸領土擴張造就了一個地跨兩洋的民族國家。
與歐洲民族國家的形成不同，美國是在建立聯邦政府以後，通過
不斷擴張領土，最終形成民族國家。盎格魯─撒克遜白人新教徒

成為這個民族國家的主體，對來自歐洲的白人移民進行融合。從
這個意義上講，西進運動是一個大熔爐，見證了美利堅民族國家
的成長與發展。

　　但是，英裔與歐洲移民從不願和西部的印第安人融合；在白
人「西進」過程中，印第安人慘遭殺戮，最終被驅趕至荒瘠、封
閉的「保留地」上去。印第安人往西遷徙的漫長路程，史稱「眼
淚之路」(Trail of Tears)。

　　非洲裔美國人（黑人）繼續處於奴隸地位，南方的奴隸主還
試圖在擴大領土的同時，擴大奴隸制。總之，這個新的民族國家
是以英裔美國人為主的白人統治國家，她以犧牲印第安人、黑人
的利益與生命為代價。對有色人種的排斥與奴役是美國文明最嚴
重的恥辱，也給美國造成嚴重後果。

　　民族國家成長的這一階段在美國歷史上稱為「傑克遜時代」，

圖 13：印第安人被迫遷移

其改革試驗稱之「傑克遜民主」。

　　西部的自由土地給美國人以機會，如愛默生 (Ralph W. Emerson) 所說，「美國是機會的同義詞」。美國第七任總統安德魯·傑克遜就是一個利用機會發跡的人。傑克遜出生在卡羅萊納的窮鄉僻壤，父母是蘇愛人移民，從小家境貧寒，沒有受過正規教育，後來移居田納西，自謀生路，曾當過律師、土地投機商、軍人、政客與種植園主。他是一位非富裕世家出身的總統，體現了從圓木屋 (log cabin) ❶到白宮這一富於浪漫色彩的美國發跡史的第一位總統。依據像傑克遜這樣的事例，西進時代製造了許多廣為流傳的「圓木屋」神話，令無數美國人奮鬥終生。傑克遜的事蹟突出且很誘人，但並不是典型。西進時代確有少數人發跡致富，進入社會上層，一些平民靠著在新英格蘭和大西洋沿岸中部各州經營製造業，或在西部進行土地投機，或在阿拉巴馬州與密西西比州經營棉花種植園而發跡，但絕大多數人不可能進入社會上層。他們依舊是獨立農場主、鄉村工匠與城市勞工。他們通過社會流動改善生活，鞏固了中產階級的地位。雖然傑克遜政府與傑克遜派所提出的主要目標是要掃清通往成功道路上的障礙，給每個人提供平等的發財致富機會，但事實上，真正發財致富的只是極少數。而絕大多數人只是成為中產階級或鞏固原有的中產地

---

❶ 新英格蘭地區的居民一般使用兩間房的小圓木屋 （輔之以圓木結構的外屋）安家落戶，至十七世紀也成為美國西部拓荒者的典型住宅。後來美國人更將圓木屋與勤勞、開拓、克服困難等特質連結起來，象徵白手起家的奮鬥精神。

位。所以「傑克遜時代」的真正意
義是白人中產階級的壯大與進一步
成為這個民族國家的支柱,而所謂
「傑克遜民主」就是進一步保護白
人中產階級,主要是獨立農場主的
利益與擴大民主。

圖 14:傑克遜

傑克遜也把農業利益視為比其
他任何利益「遠為重要」,耕種者是
人民中「最優秀的部分」。他與傑弗
遜一樣,嚮往農業理想社會。但正
如歷史學家霍夫斯塔特 (Richard
Hofstadter) 所形容,傑弗遜是一個高貴的民主派,認為民主是高
貴而有教養的人對莊稼漢的恩賜,後者受到前者的指引與保護;
傑克遜則認為,不僅應該尊重那些受過教育的人,更應該尊重那
些靠個人奮鬥取得成功的人,並使其參與國家政治。

傑克遜民主在經濟上表現為自由放任,政府對移民的創業與
競爭不加干預。傑克遜認為,為了自由放任,必須反對壟斷,而
壟斷指的是只代表一部分人利益的特殊法律。例如,合眾國銀行
(Bank of the United States) 就是一種壟斷組織,因為它持有聯邦政
府頒發的特許證,享有其他銀行不能得到的特權。與合眾國銀行
的角力是傑克遜任期中的一個重大事件。該銀行成立於 1816 年,
註冊營業二十年,傑克遜在重新當選後,終於通過抽空政府存款
而把合眾國銀行摧毀了。自由放任在西進時代確有鼓勵人民去創

業與競爭的作用，功不可沒。它不僅對金融界、商業界是有利的，對眾多尋求機會的移民也是有利的，自由放任符合這個時代的需要，正如傑克遜的擁護者所說：「我們不需要保護，我們只希望人家別來管我們。」

　　傑克遜民主的另一項重要內容是發展教育。平等精神意味著只要機會平等都能致富與成功，這一思想的流行促使大多數州確立了小學義務教育，只有南方落在後面。義務教育使所有人都平等地獲得受教育的機會。義務教育的做法後來擴大到中學與大學。還建立了一些女子學院與男女同校的制度，目的是讓男女皆能平等獲得受教育的機會。

　　這場教育改革運動是與賀拉斯‧曼 (Horace Mann)、亨利‧巴納德 (Henry Barnard) 等人的名字分不開的。教育被認為是獲取機會、實現民主與平等的方法。教育家賀拉斯‧曼說，教育是「實現人人平等的偉大手段，……它能使窮人擺脫貧窮」。到內戰前夕，至少在北部地方已經建立起一個向所有白人兒童開放的免費教育系統。南方各州則直到重建時期才出現州立的學校系統。這時期，現代教育的一些基本原則也已確立。鑑於民族與宗教的多樣性，公立學校的教學內容是非宗教性的；教育的目的在於培養忠於國家的公民，並將北美大陸的人團結成一個民族。美國人已經懂得，辦學是全社會的責任。確實，在向年輕一代灌輸愛國主義思想與公民道德方面，公立學校所起的作用超過美國任何一種社會機構。教育改革是傑克遜時代最重要的改革之一，是美國文明的又一個光輝篇章。

　　傑克遜民主在政治上表現為擴大選舉權範圍，以便讓政府得到所有人民（至少是白人男子）的支持。西部的開拓者要求按照邊疆的民主觀念修改憲法，取消選舉權的財產限制。這種觀念促進美國選舉權的改革，到 1830、1840 年代的改革高潮中，大多數白人成年男子均享有選舉權。1860 年，美國基本上完成了這項改革任務。

　　其次，過去州長是由議會任命的，現在則由人民選舉產生。司法機關的官員也開始由民主選舉產生。在 1846 年到 1853 年間，有十三個州規定各法院的法官由人民直接選舉。傑克遜時代民主理想的範圍遠遠地超過了開國元老的時代。

　　邊民不僅要有選舉權，還要求直接參政。如布爾斯廷 (Daniel J. Boorstin) 所說，組織與管理社會是西進移民的宗旨，「他們必須不顧一切地向前闖，組織起新的社會，而不是等待上帝或政府為他們鋪平道路，安排一切。」這個剛組織起來的社會，自然是由移民實行民主管理的，邊民在這期間培養了自己的管理能力與參政意識。

　　1812 年戰爭後，西部在聯邦政治中具有愈來愈重要的地位，一些新型的領袖開始進入政界，他們多數是來自普通的農場主階層，所受的教育不多，毫無管理經驗。在這些人中出現了最早的職業政客，把政治作為職業與謀生手段。從另一方面看，這反映了西進時代的平等精神與普通人地位的提高。傑克遜時代擴大普通人的參政這一取向其後演變為政客的分贓制 (pork barrel)，並把這一分贓制打上了民主烙印。在 1800 年選舉後，共和黨人執政十

六年。之後，共和黨分裂成兩個政黨，即以約翰‧昆西‧亞當斯
(John Quincy Adams) 為首的國民共和黨（後改名為輝格黨）與以
傑克遜為領袖的民主黨。隨著政黨制度的發展，政黨分肥愈益推
行，對肥缺的追求超過對公眾的責任感。官員的任命以其對本黨
的忠誠為準，而不是以其責任感與能力為準。這個產生於農業社
會的政黨分肥制到內戰後向工業社會轉型時，更是變本加厲，進
入巔峰。

第四章 | *Chapter 4*

國家的統一

第一節　1850 年代的美國

　　經過半個多世紀的開發與建設，到了十九世紀中葉，美國已是繁榮發達的地區大國。據統計，1812 年至 1852 年美國人口從七百多萬增至二千三百萬，聯邦已擁有三十一個州。東部工業欣欣向榮，新英格蘭與中部大西洋沿岸各州是製造業、商業和金融業的中心，主要產品是紡織品、木材、服裝、機械、皮革和毛織品等。航運業也相當發達，掛著美國國旗的船隻，載著各國的貨物，航行在世界各地。

　　中西部與南方農業興旺發達。中西部是農產品、畜產品的主要產地，也是美國與歐洲的穀倉，供應歐洲與美國東部的小麥與肉類。西部的農場主已把自己納入市場經濟，農業成為一種商業企業，而不再是傑弗遜所說的一種生活方式。在南方，主要的產品是棉花，由於海灣平原的肥沃土地得到充分開發，棉花產量在

圖 15：美國棉花裝載的情形

1850 年代幾乎增長了一倍。貨車、駁船與火車把大捆大捆的棉花運到北方與南方市場，除了為北方紡織廠提供原料外，棉花轉運到歐洲市場，主要是英國與法國。因此，棉花成為美國出口的大宗商品，占全美對外貿易的一半以上。

　　交通運輸的改進對經濟繁榮起了至關重要的作用。1825 年建成伊利運河 (Erie Canal)，把愈來愈多的貿易活動從沿河流域引向大湖區；紐約代替紐奧良成為從西部把商品運往東北部與歐洲市場的主要港口；沿湖新興城市的發展很快超過了那些沿河流而建的老城市。鐵路的發展也突飛猛進，1840 年，鐵路線總長二千八百英里，1860 年，增加到三萬英里。大部分鐵路是在西部修建的，這些鐵路把俄亥俄河和密西西比河與大湖區聯結起來，以至

到達邊遠地帶，對形成全美市場影響甚鉅。

　　然而，美國有著潛在危機：領土擴張引起南北雙方對領土的爭奪，從而導致了 1861 年的內戰。

　　從殖民地時期開始，美國就有兩種不同的社會經濟制度，北部與中部實行自由僱傭制度，南方實行奴隸勞動制度，南方人自稱是「特殊制度」。這兩種不同的社會經濟制度存在深刻的矛盾，要在一個國家永久共存下去是不可能的。例如，北方的資本家想擴大生產規模與拓展國內市場，需要不斷增加勞動力，他們希望解放奴隸，使其成為僱傭工人，而南方種植園主為擴大種植園，增產棉花，要求有更多的土地與黑人奴隸。此外，在關稅問題上南北也出現紛歧，南方為對歐洲輸出大宗棉花與從英國等國家輸入工業品與奢侈品，因此要求聯邦實行低關稅，而北方為保護其新興工業的發展，主張實行關稅保護。南北之間的矛盾由於西部領土擴張而加劇，因為雙方各自希望獲得的土地變成「蓄奴州」或「自由州」。這不僅是一個經濟問題，也是一個政治問題。因為按《美國憲法》規定，一個州不論面積大小，人口多寡，都選出兩名參議員進入聯邦國會。這就是說，蓄奴州與自由州的多少，將直接影響到北方或者南方在國會中成為多數，從而控制國會。

　　1790 年時，美國有二十二個州，蓄奴州與自由州各占一半，南北雙方在國會保持均勢。但這一均勢會隨著領土擴張、新州的加入而被打破。1819 年當密蘇里即將成為新州時，南方奴隸主要求把該州確定為「蓄奴州」，一連數月南北雙方爭執不下，最終才達成妥協。1820 年 3 月，國會通過「密蘇里妥協案」(Missouri

Compromise)，確定密蘇里為蓄奴州，同時從麻薩諸塞州分出一個新州——緬因州作為自由州。法案還從長計議，為尚未建州的西部領土劃定了蓄奴州與自由州的界線——以北緯三十六度三十分為準，其南建立蓄奴州，其北為自由州。

密蘇里妥協案並沒有結束南北雙方的矛盾。1840 年代美國領土擴張到達高潮時，南方奴隸主試圖在從墨西哥得到的新領土上建立蓄奴制。1854 年，當討論堪薩斯與內布拉斯加 (Nebraska) 建州問題時，國會在奴隸主的壓力下，通過了《堪薩斯－內布拉斯加法案》(*Kansas-Nebraska Act*, 1854)，規定新州是否推行奴隸制由該州居民自行決定，這無異是取消了「密蘇里妥協案」規定的分界線，整個西部都可以成為蓄奴州。當時，奴隸主就是打算在這個法案的掩護下，依靠武力去強迫新州居民接受奴隸制。因此，法案一通過，奴隸主的武裝便進入堪薩斯，同時，從北方趕來支援的農民也不甘示弱加以反擊，造成堪薩斯的流血衝突，史稱「堪薩斯內戰」(Bleeding Kansas)。

南方奴隸主還利用聯邦最高法院作為擴張奴隸制的工具。1857 年，最高法院通過「斯科特判決案」(*Dred Scott v. Sandford*)。斯科特原是密蘇里州的一名奴隸，逃亡北方已二十年，但當他回到密蘇里時，法院卻仍判他是一名奴隸，並宣佈今後奴隸無論被帶到任何地方，都是其主人的財產。這等於說，奴隸制在全美都是合法的。「斯科特判決案」引起了北方人民的憤慨與反奴隸制的激情。在這個高潮中，發生了約翰‧布朗 (John Brown) 起義。布朗是一位農民出身的廢奴主義者，1859 年 10 月

16 日，他在維吉尼亞發動震撼全美的起義，試圖推翻南方奴隸制，但因寡不敵眾而失敗，本人也英勇就義。

這就是內戰前南北雙方的衝突過程。它表明鬥爭是不可避免的，必定有一個誰勝誰負的結局。「堪薩斯內戰」不啻是內戰的預演。

南北雙方的衝突還有一個深刻的思想背景，就是反對奴隸制的進步輿論與廢奴運動的興起。這對南方顯然是極其不利的。

建國以來，美國國內就出現對奴隸制的抨擊。這股民主勢力認為奴隸制違反了〈獨立宣言〉關於「人人生而平等」的信念。他們堅持一個主要論點：每一個思想健全的成年人，如果不是證明有罪，就有權享受自由。「只是膚色上的差異，不足以構成剝奪任何人的任何天賦權利的理由」。傑克遜時代的平等主義潮流帶給他們更大的激情，促使他們以更積極、更有組織的形式反對奴隸制。這時，出現了最早的「廢奴主義者」。他們的宣傳活動主要是基於道德、宗教等論點，強調奴隸制違反道德與基督教教義，因此，蓄奴是不道德的。而南方的奴隸主則從《舊約聖經》中找到支持奴隸制的依據，證明黑人是劣等民族，無法作為自由公民而生存。南方各州直到今天仍然是所謂的「基督教原教旨主義」觀點的堡壘。內戰前，南方已從思想上與北方劃清界線，形成了一種不同於北方自由州並自以為比北方更高級的生活方式與文化。

廢奴主義者有兩個活動中心，一個在中西部，主張禁止在哥倫比亞特區進行奴隸貿易，努力促進逐步解放奴隸計畫的實施。他們積極從事地下鐵道行動，通過地下鐵道幫助逃亡奴隸逃離南

方種植園，其中大多數被送往加拿大。因為根據聯邦法律，逃亡的奴隸一旦被抓住，必須送還給他們的主人。第二個廢奴主義者的主要組織在東北部，他們比較激進，主張通過發動奴隸起義廢除奴隸制。與此同時，1830 年在維吉尼亞發生了一次由奴隸納特‧特納 (Nat Turner) 號召的奴隸起義，約有四十名奴隸主被處死。南方奴隸主從此生活在恐慌之中。

　　廢奴主義運動的兩派從未實行組織聯合，卻有共同的目標，即最終在美國廢除奴隸制。他們的宣傳、集會發生了愈來愈大的影響，從思想與輿論上動搖了奴隸制並動員人民投入廢奴運動。廢奴主義最著名的宣傳家加里森 (William L. Garrison) 創辦了《解放者》(*The Liberator*) 雜誌，他在創刊號的發刊詞上宣告：「我要為立即解放我們的奴隸大眾而進行不屈不撓的戰鬥。」1832 年加里森組織了「新英格蘭反奴隸協會」 (New-England Anti-Slavery Society)，一年之後，又參加建立一個全國性組織「美國反奴隸制協會」(American Anti-Slavery Society)。隨後廢奴主義者又忙於建立地方協會，到 1840 年，遍佈整個北方，形成了擁有二十萬會員，約兩千個地方協會組成的協會網。加里森成了廢奴主義的化身。

　　廢奴主義者在最初幾年的處境是很困難的。絕大部分北方人與南方人都把他們視作狂熱分子，反奴隸的集會活動常遭暴力衝擊。但漸漸地，特別是在 1840、1850 年代南北地區關係愈益緊張時，北方輿論對廢奴宣傳發生同情，多數北方人開始相信奴隸制是「摧殘這個國家的病害」，不僅制約了國家的發展，在道義上也

圖 16：《湯姆叔叔的小屋》出版後引起強烈反響，圖為 1852 年第一版的插畫

是錯誤的，不能讓這個社會制度在美國存在下去。廢奴主義者的活動開始受到支持，民眾稱讚他們不僅是為黑人，也是為白人爭取公民自由的戰士。黑人的處境得到廣大白人的憐憫。斯托夫人 (Harriet B. Stowe) 於 1852 年出版了小說 《湯姆叔叔的小屋》(*Uncle Tom's Cabin*) 一書，引起轟動，第一年就售出了三十萬冊。北方的年輕選民被小說深深打動，激起了反奴隸制的熱情與支持共和黨的信心。

　　實際上，廢奴運動與 1850 年代的政治鬥爭是相輔相成的。廢奴運動的輿論以一種特殊形式發展了平等觀念，許多人相信，奴隸制之所以不可容忍是因為它確實損害了美國藉以立國的基本價

值——平等。廢奴主義者的貢獻就在於在 1850 年代使平等觀念成為一股潮流，南方奴隸主正是懾於這股潮流，才試圖孤注一擲，挽救行將到來的末日。

第二節　內　戰

　　內戰的烏雲籠罩大地，雙方都在做準備。對於北方來說，他們深感需要一個政黨，集中表達他們的主張，集合一切反對奴隸制的力量，為捍衛美國文明而努力。1854 年，北方建立了共和黨，南方的輝格黨由於態度曖昧而在政治舞臺上消失了，因此即將爆發的內戰將是以民主黨為一方，與共和黨為另一方的對抗。

　　共和黨的政治明星是亞伯拉罕‧林肯 (Abraham Lincoln)。林肯雖然不是一位廢奴主義者，但他堅定地反對奴隸制度與維護民主，認為奴隸制是一種罪惡，因為這表明所謂「人民自決」在美國是虛偽的。他主張美國的一切立法都必須建立在限制與最終廢除奴隸制的原則之上。林肯堅定地主張國家統一，終止分裂局面，他說：「我相信，我們的政府不能永遠忍受一半奴役一半自由的狀態。」林肯認為當前主要任務是維護聯邦的統一。那時林肯已主張在西部廣大無主土地上，無代價的分一份給自由農民，從而堵截奴隸制向西部擴張。林肯的思想代表了北方大多數人民的想法，他們都反對奴隸制，但不主張通過暴力手段立即加以消滅，而是通過限制其向西部自由土地擴展使奴隸制自然消亡。

　　1858 年林肯當選伊利諾州參議員，他的對手是民主黨領袖史

蒂芬‧道格拉斯 (Stephen Douglas)。在競選過程中，兩位候選人就奴隸制與聯邦統一展開了七次辯論，成為著名的「林肯—道格拉斯辯論」(Lincoln-Douglas debates)。雖然道格拉斯以微小差距連任參議員，但林肯反對奴隸制與維護聯邦統一的理念給美國人民留下了深刻的印象，也為自己樹立了巨大威信。

1860 年舉行總統大選，共和黨提名林肯為總統候選人。當共和黨的領袖們宣告決不讓奴隸制擴展下去時，全黨精神振奮。黨的競選綱領上還寫著：為了保護工業，要實行關稅保護；要制訂法律，保證去西部開發並定居的人無償獲得一塊耕地。1860 年的大選，被認為是一次關鍵性的選舉，因為它深遠地影響美國的歷史進程。共和黨贏得這次大選，林肯當選總統。

蓄謀已久的南方奴隸主眼見這一形勢，決定脫離美利堅合眾國，建立另一個國家。南卡羅萊納率領南方十一個州於 1861 年 2 月 8 日宣告成立南方邦聯，取名為「美利堅聯眾國」(Confederate States of America)，傑弗遜‧戴維斯 (Jefferson Davis) 任總統。南方奴隸主的分裂行為挑起了內戰。

林肯一開始還持和解的立場，在 1861 年 3 月 4 日的總統就職演說中，拒絕了南方這項分裂舉動，認為這在「法律上是無效的」。他呼籲恢復聯邦，但南方置之不理，並於 4 月 12 日在南卡羅萊納州查爾斯頓港砲擊駐守在桑特堡 (Fort Sumter) 的聯邦軍隊。

形勢迫使聯邦政府在國家統一與分裂之間作出選擇。4 月 15 日，林肯發佈命令，徵召七萬五千名志願兵；4 月 19 日，宣佈對

圖 17：亞伯拉罕・林肯　　　　　圖 18：傑弗遜・戴維斯

叛亂的南方實行海上封鎖，決定美國命運的內戰爆發了。

　　戰爭爆發時，南北雙方的力量對比是：北部二十三州，人口二千二百萬，擁有發達的工業、鐵路網與大批商船；南部十一州，人口九百萬，包括黑人奴隸四百萬，可見北方在人力、物力上遠居優勢。那麼，為什麼南方敢於挑起戰爭呢？這首先是出於南方驚恐於形勢的險峻，錯誤地認為只有挑起戰爭才能使分裂成為既定事實與免於奴隸制的滅亡。另一個原因是南方寄希望於歐洲大國的承認與支持上。棉花是南方手裡的一張王牌。英國棉織工業百分之八十九的原料來自美國南方，而英國有四百萬人的生計與棉織業聯繫在一起。法國也依賴南方的棉花供應。南卡羅萊納州的聯邦參議員詹姆斯・哈蒙德 (James Hammond) 說：「世界上任何大國都不敢向它（棉花）開戰。棉花就是王。」(No power on earth dares to make war upon it. Cotton is king.) 南方的輿論普遍認為,「牌在我們手裡」,英、法會「承認我們的獨立」。這是南方的「棉花王」(King Cotton) 理論,這個理論鼓勵南方尋求獨立。

內戰實際上存在兩條戰線:軍事戰線和外交戰線,兩者都關係著聯邦的存亡。在軍事上,內戰的第一年,北方接連失利。1861 年 7 月 21 日,在維吉尼亞州的馬納薩斯 (Manassas) 交叉口,南軍把政府軍打得全線崩潰,往北撤退。同時,南方軍事上的勝利鼓舞了英法,她們認為南方勝利在望,是承認南方獨立的時候了。英法打算「以承認邦聯的觀點」來進行調停。英國外相羅素 (John Russell) 向首相帕麥斯頓 (Henry Temple, 3rd Viscount Palmerston) 說:「萬一 (調停) 失敗,我們自己應該承認南方諸州為一個獨立國家」。

聯邦政府頂住了英法「調停」的壓力,國會通過聯合決議,再次強調內戰是發生在美國的「內部叛亂」,任何外國干涉的建議「都是不合理與不能容許的」。與此同時,聯邦政府採取一系列民主舉措,以便廣泛深入地贏得廣大農民、工人與黑人的支持。

圖 19:里奇蒙陷落　里奇蒙之役是結束南北戰爭的關鍵戰役。

1862 年 5 月，政府頒佈《宅地法》。法令規定，任何人只要交納
十美元證件費，就可以獲得一百六十英畝土地，耕種五年後，便
持有這塊土地的所有權。1862 年 9 月，政府頒佈〈解放宣言〉
(*Emancipation Proclamation*)，規定從 1863 年 1 月 1 日起，解放
所有南方的奴隸，他們成為自由民，並且可以參加聯邦軍隊。這
些舉措賦予內戰更多革命的性質。內戰開始時，林肯與北部各州
公開宣稱他們是為恢復聯邦而戰，而《宅地法》與〈解放宣言〉
的頒佈無疑使內戰具有民主與激進的意義。同時有更多的農民、
工人與黑人奴隸參加戰爭，也促使戰場形勢發生轉機。1862 年 9
月，在安提坦 (Antietam) 戰役中，南方向首都華盛頓
(Washington, D.C.) 進軍的軍隊被擊敗，撤退到波多馬克河
(Potomac River) 對岸。

轉機發生在 1863 年 7 月，政府軍發動反攻，在維克斯堡
(Vicksburg) 與蓋茨堡 (Gettysburg) 連獲大捷，從此控制了東西戰
場。1864 年春，政府軍攻入南方中心地區，格蘭特 (Ulysses S.
Grant) 將軍向里奇蒙 (Richmond) 發動進軍，預示了戰事將要結
束。但戰事還是延續到第二年春。1865 年 4 月 2 日，南軍總司令
李 (Robert E. Lee) 將軍再也守不住里奇蒙陣地，退守到維吉尼亞
州的阿波麥托克斯 (Appomattox)，在那裡被聯邦軍隊團團圍住，
無路可退。

軍事上的勝利使聯邦政府在外交上由被動轉為主動。英法試
圖調停與承認「邦聯」再也不可行了。1865 年 1 月，「邦聯」政
府派出特使到歐洲去，向歐洲各國政府提出以廢除奴隸制換取承

認，這是「邦聯」的最後一次外
交努力，歐洲各國拒絕了南方的
籲求。

　　1865 年 4 月 ， 北南雙方舉
行了歷史性的「阿波麥托克斯會
見」(Surrender at Appomattox)。
聯邦政府軍總司令格蘭特將軍
與南軍李將軍在里奇蒙阿波麥
托克斯小鎮會晤，南軍向政府正
式表示投降。

圖 20：晚年的南軍總司令李將軍

　　長達四年的內戰結束了。

第三節　重建南方

　　內戰結束前，林肯考慮了戰後如何讓南方叛亂州回歸聯邦，
即國家如何重新統一的問題。他的具體主張是，不管是哪一個州，
只要 1860 年登記過的選民的百分之十贊成組織州政府 ， 又忠於
《美國憲法》、服從國會法律和總統公告，聯邦政府就承認那個州
政府為合法政府。林肯遇刺後，安德魯‧詹森 (Andrew Johnson)
繼任總統，他的重建政策基本上與林肯的主張是一致的。戰爭結
束前，田納西、阿肯色 (Arkansas) 和路易斯安那都已經根據林肯
的「百分之十方案」建立了新的州政府。

　　林肯與詹森遭到了國會的反對。國會認為，重建屬於國會的

職權，他們也不相信南方對聯邦的忠誠。以撒迪厄斯・史蒂文斯 (Thaddeus Stevens) 和查理斯・薩姆納 (Charles Sumner) 為首的共和黨激進派主張以革命的手段重建南方。據此，國會在 1866 年 2 月通過了《自由民局法案》(*The Freedmen's Bureau Act*, 1866)，4 月又通過了《民權法案》(*Civil Rights Act of 1866*)，前者延長在內戰結束時創立的自由民局的期限，並擴大其職權範圍，後者則對公民權予以全面保證。

激進派看到了解放的黑人是真正忠誠於聯邦的，大部分黑人在內戰期間支持聯邦，不少人還在戰場上流血犧牲，應該提高他們的地位，依靠他們實現南方重建。特別要防止前南方領導人輕易地被恢復權力而對自由民進行迫害。

與林肯和詹森不同，國會關心解放了的黑人的處境。史蒂文斯主張滿足黑人的土地要求，以便他們自力更生。他主張給這些自由民分配土地。史蒂文斯認為，黑人的解放首先要從這裡開始，否則，他們的自由是沒有保障的。薩姆納則寄希望於選舉權上，他主張給黑人普遍選舉權，以便讓他們在政治上保護自己。

戰爭結束不久，南方不妥協的跡象已出現。聯邦主義者遭到前叛亂分子的迫害。南部各州開始通過「黑人法典」(Black Codes)。這些法典的基本意圖是要將黑人排斥於社會之外，恢復〈解放宣言〉與憲法第十三條修正案所廢除的對黑人的控制，保證「白人優越」得以繼續下去。黑人被隔離，黑人與白人的通婚被禁止；在密西西比州，黑人甚至不能擁有土地；在一些州，黑人要從事某些行業，必須繳納特別許可證費。各州都對無業的黑

人與違反勞動合約的黑人規定了特別的懲罰。所有這些，目的只有一個，就是把黑人趕回到前主人的土地上去。這驚恐了共和黨，不論激進派還是溫和派，都主張廢除黑人法典。國會在準備「重建南方」的方案。

早在《重建法令》(Reconstruction Acts) 頒佈以前，1865 年 12 月，國會即通過關於廢除奴隸制的憲法第十三條修正案。1868 年 7 月國會通過憲法第十四條修正案。該修正案對美國公民資格作了明確的規定，「凡在合眾國生長或歸化合眾國而受其管轄的人，皆為合眾國及其居住州的公民。」規定各州不得制訂「剝奪合眾國公民之特權與豁免權」之法律，不得「未經正當之法律手續即行剝奪任何人之生命、自由或財產」，不得「在其管轄境內」否認「任何人應享受法律之同等保護」。

內戰結束後的一個時期，美國仍是一個革命的年代，以革命的手段實現聯邦的統一與保護黑人的激情猶在，特別是面對南方的不妥協，共和黨基本上團結一致，致力於重建南方。共和黨內的一部分人，主要是過去的廢奴主義者，確實是同情與主張保護黑人的。第十四條修正案中的「人」是指解放了的黑人。憲法第十四條修正案完全是為了保證自由民的公民權利，防止最高法院利用司法覆審，否定黑人的公民權利而制定的。

1867 年 3 月，國會通過名為「為叛亂各州籌建平等有效率的政府」的法案，即《重建法令》。根據法令，對南部十個州（田納西已經被重新接納加入國會）劃分為五個軍區，實行軍管。每個軍區的首要任務是對選民（包括黑人）進行重新登記，並根據第

十四條修正案第三項剝奪已被撤職的所有人的選舉權。在登記選民的基礎上，各州選出代表，召開制憲會議，實行成年男子普選制。參加叛亂者被剝奪選舉權，被各州制憲會議剝奪了選舉權的白人約有十五萬。《重建法令》還宣佈，一個州一旦向國會提出一部可以接受的州憲法與批准第十四條修正案，國會便會接納該州選出的議員。《重建法令》頒佈後，這些州在軍方監督下按照法令的要求草擬新的州憲法，召開新的州議會與批准憲法第十四條修正案，以求加入聯邦。這些州都規定了黑人的選舉權。至1870年，這十個州都被重新接納加入聯邦。

在當時激烈的氣氛中，為了保證黑人的公民權，同時也為了保證共和黨對這些州的控制，根據激進派的提議，1870年國會通過了憲法第十五條修正案，進一步重申「美國公民的選舉權，不因種族、膚色或以前的奴隸身分而為合眾國或任何一州所取消或限制」，接受這一項修正案成為重新加入聯邦的一項條件。這顯然是為了防止南方各州以「種族、膚色或曾經是奴隸」為藉口而剝奪黑人的選舉權。

第十三、十四、十五條修正案的通過從法律上保證了黑人的權利，肯定了黑人與白人的平等地位。這是重建年代的光輝成就，也是美國憲政史上一個劃時代的成果。儘管林肯、詹森試圖草草結束這場革命，但國會以這三條憲法修正案把這場革命提升到給予黑人平等權利的高度，在法律上鞏固了〈解放宣言〉。《美國憲法》的頭十條修正案（即〈人權法案〉）是給予白人的，憲法這三條修正案把權利擴大到廣大黑人。然而，從法律上的承認到變成

生活的現實，還有漫長的路要走。

重建南方面臨著艱巨的挑戰，既要衝破詹森總統的阻撓，更需和南方保守派進行抗爭。詹森是一個聯邦主義者，但也是一個南方奴隸制的保護者，剛愎自用，心胸狹隘，一心要和國會敵對到底。他拒絕執行共和黨的主張，尤其是國會於 1866 年通過的《民權法案》和《自由民局法案》。他的立場激怒了幾乎所有的共和黨人。在《重建法令》頒佈後，詹森運用總統指揮軍隊的權力削弱國會的重建努力，試圖讓尚不忠誠於聯邦的南方人重新獲得選舉權。在 1867 年 12 月的總統咨文中，公然對國會發出挑戰。國會決定運用憲法給予的權力彈劾總統。1868 年 2 月，眾議院表決通過彈劾案，但在參議院則以一票之差，使總統倖免定罪。詹森是美國歷史上第一個遭到國會彈劾動議的總統。

和民主黨保守派的對抗更加劇烈與複雜。民主黨保守派拒不承認由北方派來的聯邦主義者、願意和北方合作的民主黨人，以及由被解放的黑人聯合組建的新的州政府。他們把在新的州政府中擔任職務的常駐的北方人稱為「毛氈提包客」(Carpetbagger)，暗示這些人是暫時客居的過客，無權統治南方；他們譴責和新政府合作的南方白人，認為這些人反叛南方利益，品德卑劣。他們更詭稱南方出現「黑色重建」與「黑人統治」，反映了南方白人對黑人參政的驚恐與對重建的仇恨。實際上，「黑色重建」、「黑人統治」是根本不存在的。黑人從沒有控制過這些州政府，所有高級職務都是白人（通常是北方白人）擔任，只有在少數情況下，黑人才在州議會中占多數席位，即使在這種情況下，他們也往往為

了黨派利益而受人操縱。黑人沒有得到按人口比例應該得到的公職數目。

南方白人還採取恐怖手段來對付黑人。最早在 1866 年，一群戴著白色面罩的白人夜間對黑人進行襲擊、恐嚇，要他們放規矩些，不許參加選舉，這是「三 K 黨」(Ku Klux Klan) 的起源。很快三 K 黨發展成為一個恐怖組織，一個民主黨保守派破壞南方重建的工具，許多黑人活動家死於三 K 黨的暴行。1869 年，三 K 黨被正式取締之後轉入地下，活動十分猖獗，以至於共和黨州長們不得不要求聯邦政府派出軍隊來維持秩序。1870 年，國會通過了《強制執行條例》(*The Klan Act and Enforcement Act*)，嚴厲懲處那些試圖剝奪黑人公民權的白人暴徒。

重建初期，共和黨為重建進行的努力富有理想主義的色彩，保持了共和黨成立之初的朝氣。解放的黑人對共和黨的重建努力給予充分的支持，表現了極大的解放渴望與高超的管理能力。當時，黑人投票選舉公職人員的場面是十分動人與壯觀的，而一些傑出的黑人的聰明才智也是被公認的。然而，這樣的時間並未保持長久。許多派往南方的共和黨人利慾薰心、貪污腐敗，使得共和黨很快就威信掃地。除了少數激進派與廢奴主義者外，共和黨作為一個整體，對重建變得缺乏興趣。種族歧視重新抬頭，北方白人與南方白人一樣，害怕黑人分享社會平等與政治平等。而這一切，又都被民主黨保守派所利用。

民主黨抓住這些腐敗與無能來攻擊共和黨的統治並奪回權力。他們把貪污腐敗與黑人進入州議會聯繫起來，歸咎於重建南

方本身。民主黨一個個地奪回州的統治。隨著「血衫」(bloody shirt)❶的慢慢褪色，聯邦政府愈來愈不願動用軍隊支持那些搖搖欲墜的「毛氈提包客」政權了。至 1876 年，南方僅有三個州，共和黨還保持其優勢。1874 年國會選舉中，民主黨獲勝。自內戰以來，民主黨第一次重新控制眾議院。

共和黨激進派對維護黑人權利與重建作了最後一次努力。1872 年，薩姆納提出一項《民權法案》，目的是保證自由民充分享有平等的自由（包括政治權利）、所有公民應有的自由以及清除社會隔離。法案直到 1875 年才通過。最後通過的這項法案保證黑人在旅館、劇院等公共場所享有平等待遇，禁止將黑人排斥在陪審團之外，但法案未規定實行這些條款的具體措施，而且薩姆納提出的在學校取消種族隔離的條款被刪去了，激進派已經改變不了重建南方即將失敗的命運。

重建南方最終以 1877 年兩黨的妥協而告終。1876 年大選是一次勢均力敵的選舉，共和黨決定放棄重建南方以保證其總統職位。共和黨候選人海斯 (Rutherford B. Hayes) 為爭取民主黨的認可，保證從南方剩下的兩個州撤出軍隊，讓這兩州（南卡羅萊納與路易斯安那）由民主黨去控制，還保證讓一名民主黨人入閣。國會宣告廢除 1867 年的《重建法令》，1877 年海斯總統下令撤出

---

❶ 戰後重建的常用語。激進派的共和黨人以血衫象徵內戰，煽動民眾不要忘記戰前黑人的處境及內戰造成的苦難，並提示共和黨曾經領導聯邦贏得勝利。

聯邦軍隊。這標誌著「重建南方」的結束。

　　重建南方是一場實現「人人生而平等」的試驗。黑人自由民希望分到四十英畝的土地，建立自己的農場，希望享有與白人同等的公民權。在南卡羅萊納與喬治亞 (Georgia) 兩州，自由民已經開始耕種根據「所有權憑證」而占有的土地，這些土地是聯邦政府在戰爭期間從沒收種植園主的不動產中分給他們的。但這場試驗因半途而廢宣告失敗。共和黨激進派分配土地給黑人的主張從未被聯邦政府實行，也沒有採取任何辦法把原種植園主的土地分成小農場。對於以前的黑人奴隸來說，唯一的出路是繼續留在種植園裡，或成為雇工，或充當分成佃農 (share tenancy)❷。這種分成租佃制度最終在南方普遍實行。佃農被置於勞役清償制的奴役之下，永遠難以擺脫受奴役的地位。一些種植園的所有權從遭到戰爭創傷的種植園主手裡轉到了商人手裡，但對黑人來說，情況還是一樣。

　　當聯邦軍人從南方撤出，黑人的選舉權與其他公民權利也喪失了。就涉及自由民的權利而言，第十四、十五條憲法修正案實際上已被最高法院廢除，1875 年的《民權法案》也被宣告無效。這樣，黑人就失去了爭取平等權利的法律依據。隨後，南方白人建立種族隔離制度。黑人不能和白人一樣使用公用設施，不能在

---

❷ 原種植園主與自由民（包括貧窮白人與被解放的黑人）訂立合約，按雙方提供的牲畜、種籽、肥料以及其他必須的生產資料的比例，由佃農與地主分享一年的收成，這樣的佃農稱為「分成佃農」。

同一飯館用餐，不能搭乘同一節火車包廂，乃至乘同一架電梯。黑人可以住在城市裡，許多人被雇為家庭傭人。南部白人仍保持著家長式態度，認為黑人沒有自我管理能力，是智力不發達的「孩童」。黑人如此的處境一直持續到第二次世界大戰以後。1896 年，最高法院裁決：只要設備平等，種族隔離便是符合憲法的。但事實上，設備與條件從來是不平等的。例如，對黑人學校的投資遠遠少於對白人學校的投資，結果是許多黑人根本沒有上過學。在剝奪憲法保護與種族隔離還不足以使黑人身心受辱時，南方白人便擅自用私刑來對付黑人。私刑在十九世紀末的十年中達到了不可遏抑的地步。這期間，平均每年發生一百八十七起私刑事件，大約有五分之四發生在南方，絕大多數受害者是黑人。

「重建南方」失敗了，南方成為一個無法無天的世界。

America

第 III 篇

現代美國的崛起

第五章 | *Chapter 5*

向現代工業社會轉變

第一節　工業化與勞工抗議

　　從「重建南方」結束到二十世紀初，是美國工業化、城市化的時期，美國由農業社會向現代工業社會轉變。

　　鐵路時代為工業化、城市化揭開了序幕。亨利‧亞當斯 (Henry Adams) 說過：「1865 年到 1895 年這一代人已把他們的身心完全獻給了鐵路事業。」正是這一代人，在美國建立起世界最龐大的鐵路網，並在現代化經營管理方面率先作了嘗試。

　　第一條橫貫北美大陸的鐵路——聯合太平洋與中央太平洋鐵路早在內戰時就已動工，1862 年 7 月 1 日，林肯總統簽署《太平洋鐵路法》(*Pacific Railway Acts*)，授權中央太平洋鐵路從加利福尼亞州沙加緬度 (Sacramento) 向東延伸，而聯合太平洋鐵路從密蘇里河向西伸展。這兩家鐵路公司得到大量土地贈予與優惠的貸款，1869 年建成合攏。它標誌著美國鐵路時代的來臨。在其後的

圖 21：聯合太平洋鐵路貫穿北美的海報

二十五年中，又完成了其他三條橫貫大陸的鐵路，並在東部、中西部與西部建築了可觀的鐵路線，至 1890 年代末，美國鐵路已接近二十萬英里（超過歐洲的總里程），形成了完善的鐵路網，並促成了全國性市場的形成。

鐵路時代出現了經營管理的革命。規模巨大、管理複雜的鐵路公司需要一大批經理來經管公司，而不再由公司所有人（老闆）親自管理。管理和所有權因而分開，一個由眾多經理組成的管理機構成為美國、乃至整個西方發達國家現代企業管理的形式。

與此同時，鐵路公司也從混亂的、互相殘殺的競爭走向集中與壟斷。鐵路公司之間展開你死我活的殘酷競爭表明：整頓鐵路已是刻不容緩。1887 年 2 月，總統格羅夫‧克里夫蘭 (Grover Cleveland) 簽署《州際商務法》(*Interstate Commerce Act*)，並成立五人組成的州際商務委員會，負責審理控訴與對鐵路公司發佈「停止營業」的命令。《州際商務法》的意義在於開創了聯邦政府管理私人企業的先例。但當時制訂該法是為

了緩和公眾對鐵路公司的不滿情緒，缺少實際行動。改組鐵路的工作實際上是銀行家摩根 (John P. Morgan) 與其他一些投資銀行完成的。他們調節公司之間的糾紛，說服鐵路公司採取較為正當與有效的經營，還經常任命鐵路公司董事長，並在董事會中安插多位銀行的人員。摩根家族調整了各大鐵路公司的股份額。銀行家對鐵路實行控制，在當時是形勢所需的權宜之計，但這一控制確實結束了普遍存在的混亂狀態，提高了鐵路的管理水準與工作效率。

在鐵路需求的直接刺激下，美國的主要工業迅速發展起來。首先是鋼鐵工業。蘇格蘭移民安德魯‧卡內基 (Andrew Carnegie) 成為第一代的鋼鐵大王。1901 年，摩根以五億美元收購卡內基的鋼鐵企業，並聯合其他鋼鐵公司，成立美國鋼鐵公司 (United States Steel Corporation)，資本達十五億美元，其產量占全國鋼鐵產量的五分之三。與此同時，其他一些大工業部門——石油、機器製造、食品加工也相繼興起。在盛產小麥的西部地區，麵粉製品與乳製品成為大產業。南方工業化也在緩慢地進行，1880 年代後，紡織工業在南部發展起來，成為該地區的主要產業。

到十九世紀末，美國基本上已經建成一個門類齊全的現代化工業體系，國民經濟開始以工業為主。在十九世紀的最後三十年，工業產值增長五倍多，由十億美元上升到六十三億美元。在這一時期內，工業與農業在全國商品總值中所占比例正好顛倒過來。工業產值在全國商品總值中從百分之三十三上升到百分之五十三，農業產值所占比重由百分之五十三下降到了百分之三十三，

雖然其產值也有不小的增長。工業化造就了美國工業社會。

鐵路界發生了經營管理革命，鋼鐵、石油等主要工業部門也發生了內部結構的革命。洛克菲勒 (John D. Rockefeller) 建立標準石油公司 (Standard Oil Company) 正代表著這一場革命。

洛克菲勒憎恨自由競爭，相信壟斷。他認為，因自由競爭而產生的價格與利潤的混亂、生產中的浪費與不穩定，都將由壟斷來克服。標準石油是全美最大的精煉油公司，1870 年代末，成立了一個卡特爾 (cartel)，即「同盟」，該同盟控制了全國百分之九十的煉油能力。1882 年，參加同盟的四十家公司把自己的股票換成標準石油托拉斯證券，授權由九個理事組成的理事會監督與管理托拉斯。

標準石油托拉斯開創了一個新的時代，眾多工業部門效法標準石油，開始控制各自的工業部門。許多實力雄厚、規模巨大的公司得以形成。如斯威夫特 (Swift) 公司、西屋電氣公司 (Westinghouse Electric Corporation)、國際收割機公司 (International Harvester Company)、杜邦 (DuPont) 公司等大公司。美國企業界通過建立大公司找到了工業新秩序。美國工業社會是一個公司化社會。

這個公司化的新秩序引起了全社會激烈反應，因為托拉斯規模與權力之大，足以控制原料市場與價格，損害消費者與競爭者的利益。公眾寄希望於政府。1896 年，國會通過《謝爾曼反托拉斯法》(*Sherman Antitrust Act*)，該法宣稱：「一切合約，一切以托拉斯或其他形式組成的聯合企業或者一切陰謀，其目的在於限制

州之間或對外商業與貿易者，均屬違法。」《反托拉斯法》通過的最初十年，並未認真付諸實施，而一些托拉斯則以「控股公司」(holding company) 的名義，行壟斷之實。控股公司其實是一個巨大的財團，它擁有子公司的大量股票，足以控制子公司。標準石油公司即是一例。1892 年，標準石油被迫解散托拉斯，改組為控股公司，在紐澤西州註冊，但其集中控制的實質絲毫未受削弱。一位經濟史學者指出，控股公司標誌著「公司化的最後勝利，因為現在一個公司可以聯合眾多的公司」。

工業化的一個重大後果是工業無產階級的形成。至 1896 年，約有四百六十萬人在工廠勞動，此外還有三百萬人在建築業與運輸部門。在十九世紀末，產業工人達一千七百萬。第一次世界大戰前，擴大到二千五百萬。美國勞工由兩部分人組成，一部分是內戰前的自由勞動者及其子女，許多農場主的子女也湧入了城市，希望在城市找到工作；另一部分來自移民。漸漸地美國本土工人壟斷了「藍領」的上層，成為熟練工人，移民則基本上形成了非技術工人，是美國各工業部門的主要勞動力。

在工業社會出現百萬富翁與億萬富翁的同時，廣大勞工沒有得到應有的地位與報酬，財富分配嚴重不公。國會勞資關係調查委員會的一份報告說：「我們工業居民中的很大一部分，由於低工資與失業而生活在真正的貧困之中。」調查證明，在製造業與採礦業中，有三分之一至二分之一的家庭不能維持溫飽生活，因此，要讓妻子與孩子去工作。1900 年，勞工中有五分之一是女工，童工約有七十萬。不僅工資低，而且工時長、勞動強度大，對許多

勞工來說，這比貧窮更為難受。因此，縮短工時（實行八小時工作制）成為這一時期罷工的主題之一。此外，失業與謀生機會被剝奪、缺乏社會公正、無權組織工會，這些都引起勞工極大的不滿與反抗。

1866 年組成的全國勞工聯盟 (National Labor Union) 是美國的第一個工會組織。另一個存在時間更長、影響更大的工會組織是勞動騎士團 (Knights of Labor)，這個組織的領導人試圖通過建立合作社來和大企業對抗，反對罷工，但勞工卻仍是經常以罷工作為反抗的手段。在 1873 至 1877 年經濟蕭條期間，罷工經常發生，1877 年還發生了全國鐵路工人大罷工。1886 年罷工是美國勞工史上最重大的事件之一。是年 5 月 1 日，勞動騎士團與其他工會組織支援勞工舉行示威遊行，要求八小時工作制。

1890 年代是罷工高潮時期。 1892 年發生了霍姆斯特德罷工 (Homestead Strike)。1894 年，芝加哥附近的普爾曼公司爆發大罷工 (Pullman Strike)，不久擴大到大多數的西部鐵路，美國鐵路工會 (American Railway Union) 是這次罷工的組織者。當普爾曼公司拒絕與鐵路工會領導人尤金·德布斯 (Eugene V. Debs) 進行談判時，六十萬鐵路工人加入了普爾曼大罷工，致使美國西部鐵路陷於癱瘓。 鐵路總經理協會立即請求司法部長奧爾尼 (Richard Olney) 出動軍隊。美國最高法院則以罷工觸犯《謝爾曼反托拉斯法》為由，對罷工發出禁令，並加以鎮壓。這是美國政府第一次利用法院禁令鎮壓罷工。

在勞工與工會面臨這些嚴重的威脅時，大多數勞工選擇了工

聯主義。1886 年，「美國勞工聯合會」(American Federation of Labor) 宣佈成立。雪茄工會活動家撒母耳·龔帕斯 (Samuel Gompers) 當選為「勞聯」主席，並擔任此一職務直到 1924 年去世。技術工人踴躍加入「勞聯」，1905 年「勞聯」會員達一百五十萬人。

　　「勞聯」的基本立場是接受大公司確立的工業秩序。龔帕斯認為，勞工之所以要接受現存工業秩序，乃是為了與大公司「分享利潤」，辦法是，在資本集中時，「將勞工的力量聚集與集中為一個結構嚴謹的全國性工會」。總之，大勞工擁護大公司，大公司承認大工會，在更高的層面上勞資合作，共用工業文明的福祉，讓勞工重新步入中產階級的行列。

第二節　城市化、移民與市政改革

　　城市化是內戰後美國社會變動的重要方面，是工業化與移民大量進入美國的結果。

　　1790 年第一次人口調查時，只有百分之三點三的人口居住在人口超過八千的城鎮裡，按此標準，到十九世紀末，全國人口的百分之三十三·五（即三分之一）已被列為「城市」居民。1800 年，八千人以上的城市只有六座，到 1890 年，增至四百四十八座。引人矚目的是大城市的崛起，到 1900 年，擁有六座大城市，其中三座有百萬人口以上。

　　城市的發展與分佈和工業發展密切相關。1890 年，全部城市

人口的一半集中在北部大西洋沿岸諸州，只有百分之七‧七在南部大西洋沿岸諸州。在北部大西洋沿岸諸州，每十個居民中，有六個居住在城市，在中西部，每十個居民，有三個居住在城市。西南部城市的居民不到其人口的十分之一。城市化的影響已波及全國，連最偏僻的地區也概莫能外。

十九世紀末，由於電力等新技術的運用與鐵路網的形成，工廠開始向城市集中，金融服務業也在城市中發展起來，形成了以商業、工業、金融及其他服務行業為一體的大都市，如紐約、芝加哥、費城等。紐約是全美乃至世界的特大都市，是全國最大的工業基地——東北工業帶的中心；在對外貿易中，紐約處於無可抗爭的領先地位，全國百分之六十的外貿要經過紐約港。華爾街 (Wall Street) 更是國家的金融中心，為全美與國際提供金融服務。第一次世界大戰後，紐約取代倫敦，成為世界金融中心。

工業化時代形成的另一類城市是專業化城市，即以某一產業為主，如以機械、肉類加工、紡織為主的工業城市，像鋼鐵城市匹茲堡 (Pittsburgh)、先是機械加工城市以後成為汽車業中心的底特律 (Detroit)、石油城市克里夫蘭 (Cleveland)、小麥加工中心「麵粉之都」明尼亞波利斯 (Minneapolis)。

美國工業化的步伐是歐洲望塵莫及的。在十九世紀最後二十年，芝加哥面積擴大二倍多，人口超過一百五十萬；紐約人口從二百萬增至三百五十萬，一些城市的面積都擴大一至三倍。

內戰後發生的第二次移民浪潮，是城市化特別是大城市崛起的特殊原因。美國是一個「移民之邦」，從外國來的移民基本上來

自母國的底層階級，目的只有一個：改善命運，參加編織美國夢。但十九世紀末，移民來源發生了變化。在這以前，「老」移民來自北歐與西歐，如今的「新」移民則來自南歐與東歐。典型的老移民來自英國、愛爾蘭、德國或斯堪地那維亞半島，通常是新教徒。新移民是義大利人、奧地利人、匈牙利人、波蘭人、塞爾維亞人與俄羅斯人，信奉天主教或猶太教。在年輕一些的美國人眼裡，他們的風俗習慣有些古怪。這個新老更換的過程從下列數字可以得到說明。

從 1850 年到 1880 年，每十年約有二百五十萬移民。1880 年代，移民增加一倍以上，這十年內有近五百二十五萬移民抵達美國。隨後在 1890 年代，又有近三百七十五萬移民到來。「新」移民在 1860 年代的移民總數中才占百分之一‧四，1880 年代也不到百分之二十，可是到 1890 年代突然上升到百分之五十以上。在隨後十年中，竟超過百分之七十。

新移民比以往更傾向於集中居住在東部的一些大城市。到 1890 年，費城居民的四分之一，波士頓與芝加哥居民的三分之一出生在外國，紐約市五分之四的居民出生在外國或父母是外國人。移民據國籍種族的不同而聚居在一起，形成各自的社區，例如義裔社區、德裔社區、猶太人社區、唐人街等。他們彼此處於隔離狀態。社會學家稱此為「種族馬賽克」(racial mosaic)。丹麥裔新聞記者雅各布‧里斯 (Jacob Riis) 對紐約的馬賽克描繪說：「給這個城市繪一幅地圖，著色標示各個民族，那將會呈現出許多條條道道，比斑馬毛皮上面的條紋還要多，顏色豐富多彩，勝過天上

圖22：移民美國　對十九世紀許多歐洲人而言，美國擁有舊大陸無法
提供的機會。

的虹霓。」這一特徵在波士頓、芝加哥與其他一些城市都可以發
現。從此，種族融合成為美國社會與美國文明演變的一大問題。

　　實際上，新移民大多數成為城市勞工，為工業時代的美國補
充了取之不竭的廉價勞力。美國各主要工業部門的勞工約百分之
七十至九十以上是美國移民，其中包括少量中國移民。華工曾為
美國西部開發與鐵路時代做出過重要的貢獻。

　　雖然如此，新移民還是受到排斥與歧視。美國種族主義者竭
力頌揚盎格魯撒克遜種族優越論 (Anglo-Saxon Superiority)，誣稱
波蘭猶太人是 「人類的寄生蟲」，貶斥中美洲與東南歐國家的移

民，侮辱中國人。人類學家麥迪遜‧格蘭特 (Madison Grant) 否認美國工業文明是美國各裔族共同創造的，斷稱只有雅利安人才會建立偉大的文明。

在種族主義與限制移民的思潮中，1921 年，國會通過緊急法令以限制移民。1924 年，國會通過《移民法》(*Immigration Act of 1924*)。這項法令規定大幅度減少移民數量，並以種族來規定移民的比例：拒不接納亞洲人，為東南歐移民規定少量的限額，大大地放寬來自西北歐移民的限額。這項法律的目的是通過這類拒納與限制，使美國工業社會保持盎格魯撒克遜血統的社會。

城市化與新移民是對美國文明的考驗。十九世紀末，美國城市以貧富的鮮明對比、貪污腐敗的猖獗與市政管理混亂為特徵。貧民窟是這些新興城市的名片。勞工與移民擁擠在這些貧民窟裡，市政府沒有計畫要安排這些居民，城市的發展也毫無規劃，只是讓開發商憑個人的貪欲建造公寓。1879 年，紐約創建一種經濟公寓，把貧民窟推向極致。一間間房子密如蜂窩，一座公寓猶如一個兵營。公寓內不透空氣、不見陽光，沒有衛生設備與廁所，臭氣熏天，害蟲猖獗。紐約有一半人居住在這種公寓裡。而往往在同一條街道上，富豪則過著窮奢極侈的生活。有人對紐約的四百名社會名流的奢侈生活做了調查，例如，一次化裝舞會就花費三十六萬美元之多。

十九世紀末，城市管理落在極少數黨魁 (boss) 的手裡。政黨核心集團 (political machine) 支配著政治生活，而黨魁又操縱核心集團。美國還不曾有過比這一時期的黨魁擁有更大權力的政黨。

跑官者❶、承包商、公用事業、鐵路公司、娼妓、賭棍以及任何一個需要得到保護或支援的人都要對黨魁行賄。紐約的塔曼尼會堂 (Tammany Hall) 是臭名昭著的民主黨核心集團。

　　黨魁與核心集團充分利用了移民。這些剛踏上美國土地的外國人，一無所知、一無所有，只有去投靠黨魁。黨魁幫他們找工作、提供臨時的食宿、熟悉當地生活，移民必須付出的代價是對黨魁、對政黨核心集團報以忠誠與提供選票。在黨魁眼裡，移民只是一群「投票畜」。

　　除了移民的選票與支持，一些有身分的中產階級、商人、正派的公民，也出於需要或無奈，為核心集團提供選票。正是得到下層與中層這兩種人群的支持，黨魁才獲取了如此長久與巨大的權力。

　　城市把工業社會的弊病暴露無遺，引起了中產階級公民的關注與改革渴望，最負盛名的人道主義改革家是珍‧亞當斯 (Jane Addams)。她聲稱「與窮人同甘共苦」，通過社會改革「體現基督精神」。1889 年，珍‧亞當斯在芝加哥哈爾斯特德街 (Halsted Street) 建立「赫爾會館」(Hull House)。1880 至 1890 年代，紐約與北部、東部的城市已成立五十多個社會改革團體，在這些改革團體中工作的青年婦女，許多人日後是美國著名的婦女改革家，其中包括進步派領袖法蘭西斯‧帕金斯 (Frances Perkins)。

　　市政改革也開始了。這一改革運動旨在改進市政，建立「好

---

❶　依靠錢財拉攏關係，為謀求一官半職而奔走的人。

政府」。改革團體遍佈於所有大小城市。1881 年成立全國文官制度改革聯盟 (National Civil Service Reform League)，顧名思義，聯盟是希望通過考試與考核選用優秀人才，以便改進城市管理。1894 年全美公民聯盟 (National Civic League) 宣告成立，著手城市領導機構的改革，其矛頭無疑是對準城市黨魁的。1890 至 1915 年是美國市政改革廣為推行的時期，先後形成了三種管理體制，即市長制、委員會制與經理制，現代美國的城市政府至今仍不外乎這三種形式。市政改革的結果是黨魁的統治被推翻。1894 年，紐約的改革推翻了黨魁理查‧克羅克 (Richard Croker)，選舉威廉‧斯特朗 (William L. Strong) 為市長，雖然時隔不久塔曼尼會堂又重新掌權。在十九世紀的最後幾年中，芝加哥、波士頓、聖路易等地的改革也擊敗了本市的政黨核心集團。當這些「好政府」改革家在著力於機構改革時，有些城市的市長已越過這個界限，制訂了包括公用事業城市所有制、失業救濟、八小時工作制、最低工資額等內容的社會改革綱領。社會改革得到了公眾更多的支持，預示著二十世紀初進步主義改革時代的到來。

第三節　兩黨制政治與平民黨運動

重建後的四十年，基本上由共和黨掌權，民主黨人只擔任過兩屆總統（克里夫蘭，1885～1889；1893～1897）。但兩黨制的基本態勢還是保持不變。共和黨順應工業化、城市化的潮流，實行高額關稅、穩定貨幣和給予鐵路公司優惠等政策，迎合東部工商

界的利益。共和黨愈來愈成為億萬富翁與中產階級上層的政黨。民主黨的勢力主要在南部與核心集團控制的東北部城市。民主黨也得到東北部商人與銀行家的支援，這些人自稱「穩定通貨派」，贊成通貨緊縮，反對保護關稅。其他商業集團則贊成通貨膨脹和保護關稅。

　　在每次競選總統時，共和黨揮舞「血衫」，譴責民主黨人的不忠，民主黨乞靈於所謂「黑人統治」的威脅，提倡白人至上論。實際上，隨著社會轉型與變動的加劇，兩黨的觀點變得並無太大差別。因此，在這一時期，對黨的忠誠成為選民投票的決定性因素。而在影響對黨忠誠的因素中，像關稅、貨幣這樣的經濟問題與政策並不見得重要，重要的是種族、宗教與文化等問題。例如禁酒與「酒店勢力」之爭，遵守安息日與「瀆神」之爭、公立學校與教區學校之爭。這些爭論反映了宗教與種族的價值觀念，把人們分成「虔敬派」與「崇禮派」。除南方外，前者總是竭力支持共和黨，後者總是支持民主黨。直到今天，兩黨基本上還是保持著這一價值分歧：共和黨持保守的價值，虔誠地篤信原始的宗教信條；而民主黨強調信仰的個人自由。民主黨從工業化時代開始被描繪為「個人自由黨」。

　　十九世紀末社會轉型時期，美國社會生活中最重大最顯著的事實是作為農業社會主體的獨立農場主消失，而成為工業社會的一部分、成為工業主體的依附階級。在這一過程中，獨立農場主進行反抗，為維護自己的獨立地位與經濟利益而鬥爭。

　　獨立農場主的生活方式與社會地位因工業革命而發生深刻變

化。這個原本獨立的階級現在受到壟斷資本的控制，而依附於鐵路、銀行、東部財團。壟斷運價、實行價格歧視、勾結糧食公司操縱買價、實行土地抵押，這些是鐵路公司的慣用手法。聯邦政府的緊縮通貨政策與國際市場的競爭也加劇了農民的困境。1860年代以後，由於蘇伊士運河的通航，鐵路時代的到來，電報與電話以及橫貫大洋的海底電纜，把世界緊緊地連在一起，形成世界市場。在這個市場上，美國農場主以低價賣出糧食與其他農產品，以高價買進機器與其他生產資料。農民是在毫無保護的情況下，被迫進入世界市場的競爭。

國內緊縮通貨的結果是降低農產品的價格與增加清償債務的困難。債務負擔導致農場主的普遍破產，迫使他們把自己的農場抵押出去。抵押的農場大多落入東部的銀行、投資者手裡。至1890年，伊利諾州百分之九十以上的農場成為借款的抵押品。堪薩斯州、北達科他 (North Dakota) 州的一半農場，內布拉斯加、南達科他州與明尼蘇達 (Minnesota) 州的三分之一農場被抵押。到1890年代末，全國近三分之一農場都已抵押出去。租田種地也在日益擴大，主要是在南部。

同鐵路公司的鬥爭揭開了農場主反抗的序幕。早在 1860 年代末，當鐵路公司開始滲入農業時，西部農場主就建立了自己的組織──農民協進會 (The National Grange of the Order of Patrons of Husbandry)。個體農場主試圖通過合作運動控制市場、操縱鐵路公司。合作事業有明顯的效果，但遇到了巨大壓力。到 1870 年代末，農民運動走向衰落，合作事業紛紛破產。

　　與此同時，農民又組織了新的反抗 —— 綠背黨運動 (Greenback movement)。開始時是負債農民的運動。內戰時，聯邦政府發行綠背紙幣，戰後這種紙幣貶值百分之五十，農民要求仍用綠背紙幣來償還債務，但政府迎合企業家的利益，逐漸禁止綠背紙幣流通，要農民以硬幣還債。鬥爭逐漸超出貨幣範圍，在1880 年的綱領中，綠背黨人除強烈主張通貨膨脹外，還支持累進稅、婦女普選權，並以八小時工作制來爭取勞工的支援。這表明，農民運動已從經濟鬥爭走向政治鬥爭。同時，他們還組織成一支政治力量來實現自己的綱領。

　　中西部與南部的農場主展開了農場主聯盟運動 (Farmers' Alliance Movement)。這一運動基本上由一個建立在中西部的農民聯盟與兩個建立在南部的農民聯盟組成。1889 年是中西部農業豐收年，但卻是農產品價格暴跌之年，有些地方把玉米當作燃料比賣到市場更合算。農場主屬聲斥責糧食囤積商、鐵路公司與保護他們的政府。農民聯盟迅速擴展，至 1890 年會員人數達二百萬。1890 年 6 月，堪薩斯州召開由聯盟會員、勞動騎士團以及其他農民代表參加的大會，建立了平民黨 (Populist Party)。類似的大會也在其他州舉行。此後，農民運動進入最高潮最活躍的年代，抗議聲遍及中西部大草原與南部產棉地區。農場主通常在一天勞作後，舉家趕往集會地區，聆聽改革家的演說。社會活動家瑪麗．利斯 (Mary E. Lease) 告訴他們：「華爾街已成了美國的主人，現在的政府已不再是民有、民治、民享，而是華爾街所有、所治、所享。這個國家的老百姓是奴隸，壟斷是主人。」平民黨著手參

加聯邦國會的選舉，並取得了一定的成果。

　　為了參加 1892 年的總統選舉，各地農民聯盟與平民黨決定聯合成一個全國性政黨。1892 年 7 月，他們在內布拉斯加州奧馬哈 (Omaha) 集會，通過了〈全國平民黨綱領〉(Omaha Platform，亦稱〈奧馬哈綱領〉)，平民黨運動進入最高潮。

　　〈奧馬哈綱領〉集中反映了農場主的改革思想。綱領對貨幣、信貸、運輸、土地等問題提出了明確的主張，關於鐵路國有與貨幣改革引起了熱烈的反應。綱領提出了十點主張，包括公正選舉、累進稅、復員士兵並給予退休金、保護勞工利益、八小時工作制、廢除常備軍、創制權與複決權、參議員直接選舉、聯邦政府不准對私人公司給予補貼、支持勞動騎士團等。全國平民黨的改革目標是「還政於民」，綱領寫道：「我們謀求把共和黨的統治權還給創造共和國的普通人手中。」

　　全國平民黨成立之後，主要工作是建立全國改革派的聯合，包括西部與南部農民的聯合；南方白人與黑人農民的聯合；農民、勞工與其他所有受壟斷勢力壓迫的階層的聯合。但平民黨是在壟斷勢力的敵視與極其艱難的條件下宣傳改革主張與進行競選的。雖然如此，平民黨在 1892 年的總統選舉與國會選舉中還是為自己的總統候選人贏得了一百萬張選票，選出了十名眾議員、五名參議員、三名州長與約一千五百名州議會議員。

第四節　1896 年大選與工業文明的勝利

　　農場主與平民黨運動沒有按〈奧馬哈綱領〉鬥爭到底。在 1896 年總統大選中，平民黨既沒有提出獨立的候選人，也沒有堅持以反壟斷為中心的改革綱領。他們決定在「自由銀幣」(free silver) 的旗幟下和民主黨合作，支持民主黨的總統候選人威廉・詹寧斯・布賴恩 (William Jennings Bryan)。

　　貨幣是工業化時代困擾農場主的一大問題。農場主要求通貨放鬆、自由鑄造銀幣，並以十六比一的比率兌換金幣。債臺高築的農場主視自由鑄造銀幣為擺脫通貨緊縮的希望。1893 年的大蕭條與克里夫蘭政府繼續實行通貨緊縮政策使自由銀幣的問題突出起來。最終，銀幣派控制了民主黨，其領袖布賴恩贏得了總統候選人提名。布賴恩認為，銀幣代表了普通老百姓的利益，他本人被稱為「大平民」，而金本位代表了銀行、金融家、巨富的利益。布賴恩在其著名的「金十字」(Cross of Gold) 演說中大聲疾呼：「我們對他們金本位者的要求將這樣答覆：你們不可將這頂充滿荊棘的冠冕強加在勞動者的頭上，你們不可將人類釘在金十字架上。」民主黨的策略是用「自由銀幣」為誘餌，把平民黨拉到民主黨這一邊。這時，平民黨內聯合派已占上風，決定依附於民主黨，支持布賴恩競選總統。

　　共和黨的競選口號是「美好的日子」，保證要用保護關稅與穩定貨幣來實現經濟繁榮。共和黨推選高關稅的倡議者「保護天使」

威廉‧麥金萊 (William McKinley) 為總統候選人。

　　1896 年的大選是工業化時代最激動人心與最為重要的一次總統選舉，結果是麥金萊以二百七十一張選舉人票對布賴恩的一百七十六張選舉人票當選總統。歷史學家形容這次選舉說：「這位孤膽青年（指年僅三十六歲的布賴恩），除了唇槍舌劍以外，別無武器。而與他搏鬥的卻是披戴盔甲的黃金巨人及其千軍萬馬。」布賴恩的競選經費僅三萬美元，麥金萊為三百五十萬美元。確實，布賴恩主要靠親口宣傳。他乘火車一萬八千英里，發表六百多次演說，聽眾有三百萬人之多，可稱史無前例。他的競選活動激起了選民的強烈反響，使他有勝利的希望。但仔細分析選票發現：所有工業化、城市化的各州，布賴恩都失敗了。這足以證明，這次總統選舉的性質與布賴恩失敗的原因。事實是，共和黨一方贏得了城市中產階級的擁護，並吸引了廣大勞工；而民主黨一方未能獲得對社會存在不滿的勞工的支持。如果廣大勞工支持布賴恩，他也許會獲勝。問題是，布賴恩懷念往昔的道德說教，對勞工沒有吸引力，廣大勞工與城市選民寧可相信未來的繁榮與接受現存的工業秩序，希望在這一繁榮與秩序中分享到利益。因此，可以說，1896 年的總統選舉是一次回到過去還是認可現在與展望未來的較量，是農業理想與工業現實的較量，是工業文明的勝利，是工業與金融巨頭統治的確立。

第六章 | *Chapter 6*

進步主義改革與「新政」

第一節　進步主義改革

　　工業化、城市化帶來了空前的生產力與社會財富，為工業文明展示了美好的未來。與此同時，也暴露了諸多的弊端，出現了社會的不穩定，美國民主制度受到了挑戰。十九世紀末人道主義性質的改革與市政改革，試圖克服這些弊病、重建社會穩定，但儘管他們做了百折不撓的努力仍收效甚少，於是進步派紛紛改變努力的方向，從有組織的慈善事業轉向政治與立法行動。一個全國性的由聯邦政府發動的進步主義改革開始了。

　　進步主義改革是與二十世紀初的兩位總統的名字聯繫在一起的，他們是共和黨人希歐多爾·羅斯福 (Theodore Roosevelt) 與民主黨人伍德羅·威爾遜 (Woodrow Wilson)。

　　羅斯福是一位熱情的改革家，1880 年代參與了文官改革運動，但旋即發現這一運動軟弱無力，轉而用現實的態度對待政治

圖 23：希歐多爾・羅斯福　　　圖 24：伍德羅・威爾遜

問題。在擔任紐約州州長期間，他開始一系列的改革。1901 年麥
金萊總統遇刺身亡，羅斯福繼任總統，在第一份咨文中，他就提
出了改革計畫，揭開了進步主義改革運動的序幕。羅斯福強調要
把社會的整體利益放在第一位，他賦予進步主義改革以強烈的愛
國主義色彩。他認為工業社會有兩種勢力威脅國家利益，即只謀
求本階級利益而自私自利的大公司，與試圖通過暴力推翻私有制
的社會下層，大公司的不法活動經常會觸發社會下層的反抗。羅
斯福認為，最重要的問題是政府有無能力控制托拉斯，他強烈主
張國家干預，讓聯邦政府實行「公平施政」。羅斯福的改革綱領被
稱作「新國家主義」。

　　對北方證券公司 (Northern Securities Company) 的控訴是羅
斯福反托拉斯的第一次也是最重要的一次行動。北方證券公司是

北太平洋 (Northern Pacific Railway)、大北方 (Great Northern Railway)、芝加哥－伯林頓－昆西 (Chicago, Burlington and Quincy Railway) 三家鐵路公司聯合組成的龐大控股公司。一場對北太平洋鐵路公司股票的角逐引起 1901 年華爾街金融恐慌，競爭以組建北方證券公司告結束，最終目的是壟斷西北地方的鐵路交通。競爭者都是金融鉅子：摩根、洛克菲勒、希爾 (James J. Hill)、哈利曼 (Edward H. Harriman)。競爭使西北部農民焦慮不安，他們預料運價即將猛漲。

摩根試圖與聯邦政府較量，但未成功。1903 年，聯邦法院下令解散北方證券公司。第二年，最高法院維持原判。這是美國歷史上第一次政府干預的勝利，象徵著國家權力開始回到聯邦政府。羅斯福說，此案「意義之大是無法估計的」。他本人贏得了「托拉斯爆破手」(Trust Buster) 的美譽。

為實現公平施政，聯邦政府建立商務與勞工部，下設公司管理局與勞工局等機構。公司管理局衝破公司的反對，著手調查各種重大的公共問題。勞工局則調查了 1902 年發生的無煙煤礦工人罷工的事實。這些煤礦大多為東部運煤的鐵路公司所擁有。他們要求總統頒佈禁令，必要時動用軍隊迫使工人停止罷工，猶如工業化時代的一貫做法。羅斯福不為所動，要求礦主接受一項妥協的辦法：礦工復工，由總統任命一個委員會對有爭議的問題進行仲裁。不久，委員會裁定工人工資提高百分之十，每日工時減為八小時，或一些情況下為八小時，但沒有承認工會。為爭取礦主對這一仲裁的同意，煤價提高百分之十。這是聯邦政府第一次主

持調解罷工，並取得成功的事例，與普爾曼罷工和其他罷工中聯邦政府的立場形成鮮明的對比。

羅斯福在第二任總統期間 (1905～1909) 繼續實行改革。1906年國會通過《赫伯恩法》(*Hepburn Act*)，該法令授權州際商務委員會根據貨主的申訴，廢除先行運費率，另行規定新運費率，但由法院復審。這項法令為聯邦政府管理企業奠定了基礎。

保護自然資源是羅斯福的一大政績。他推動新的土地立法，規定從出售土地的收入中撥出一部分作為修築水壩和墾荒的經費。他還接受森林局長的建議，從私人競爭者手中收回了煤、石油和礦藏的土地與水力基址，對在公共禁地內偷牧牛羊與偷伐木材的人提出訴訟。這些政策觸犯了靠掠奪國家自然資源發財致富的大亨們。1908 年，羅斯福召開全國保護自然資源代表大會，有四十四個州長與數百名專家參加，形成以後每年召開一次州長會議的慣例，並在各州建立保護自然資源委員會。儘管由於國會持反對態度，羅斯福的具體建議未能通過，但羅斯福把保護自然資源的問題提了出來，成為美國生活中頭等重要的問題。

羅斯福的改革遭到共和黨保守派的反對，並造成了共和黨的分裂。在 1912 年的總統選舉中，共和黨分裂出一個堅持改革的派別──進步黨，該黨推選羅斯福參加總統競選，共和黨則推選現任總統塔夫脫 (William Howard Taft) 為候選人。民主黨代表大會經過競爭，選出以改革派著稱的威爾遜為總統候選人。選舉結果，民主黨獲勝，威爾遜當選總統。選舉清楚的表明這是一次改革派的勝利，塔夫脫慘敗。選民摒棄保守的政府，渴望改革。

　　威爾遜是一位政治學者，曾長期擔任普林斯頓大學教授與校長，1910 年任紐澤西州州長，銳意改革，名聲鵲起。作為一個改革派，威爾遜既不同於羅斯福，又不同於中西部布賴恩派民主黨人。在共和黨改革派看來，他是一個不順眼的進步派，羅斯福稱他的改革綱領是「農村保守主義」。而中西部民主黨正確地判斷，威爾遜不是自己人。

　　威爾遜改革綱領的中心思想是摧毀壟斷，保護自由競爭。他認為，正是由於法律對強者吞食弱者未加限制，從而導致小企業難以和大公司進行競爭。政府的責任是管理競爭，讓大大小小的企業進行合法的競爭。他與羅斯福的分歧在於，他要努力恢復、保持與規定競爭，而不是接受與制約壟斷。威爾遜主張，聯邦政府管理即保護自由競爭，而羅斯福是管理即限制壟斷。威爾遜稱他的綱領為「新自由」。

　　威爾遜做的第一件大事是關稅改革。工業化時代，民主黨順應中西部農場主的要求，主張低關稅。威爾遜為此做出努力。1913 年，國會通過《關稅法》(Tariff Act)，即《安德伍德－西蒙斯法》(Underwood-Simmons Tariff Act)，該法大大降低了關稅率，將一大批消費品增列為免稅物品，取消了對托拉斯生產的鋼鐵與其他一些產品實行的保護辦法，但這項法律沒有廢除貿易保護制度。至於降低關稅引起的稅收損失，由累進所得稅彌補，這時，國會已批准憲法第十六條修正案，使增收累進所得稅合法化。

　　關於金融，南部與西部的農場主一直主張貨幣改革。1907 年的金融恐慌暴露了美國貨幣與銀行系統的弱點，也說明美國的金

融大權掌握在東部一小撮銀行家手中。1907 年的金融恐慌提醒全社會（包括一些銀行家）認識弊病之嚴重與改革的必要性。1913年 9 月，國會通過《聯邦儲備法》(*Federal Reserve Act*)。根據該法，成立聯邦準備理事會 (Federal Reserve Board) 和地區儲備銀行，這兩個機構擁有控制信貸與通貨的能力。儘管金融鉅子試圖操縱地區銀行，但聯邦準備理事會享有管理權，保證了國家對銀行業的控制。總之，《聯邦儲備法》使美國重建健全而有效率的銀行系統，以適應高度發達的經濟需要，這是一次極為成功的改革。

接著，威爾遜著手制訂反托拉斯法，以解除壟斷。1914 年，國會通過了《克萊頓反托拉斯法》(*Clayton Antitrust Act*) 和《聯邦貿易委員會法》(*Federal Trade Commission Act*)。《克萊頓反托拉斯法》是《謝爾曼反托拉斯法》的補充與加強，更明確地規定有四種旨在制約競爭的壟斷行為屬於非法，這四種行為是價格歧視、束縛性的契約、合併、連鎖董事會。這個法案在討論時，被參議院保守派做了重大修改，使這項法律不能保證對最大控股公司提出訴訟。同時，規定工會與農民組織只有在合法地追求合法目標時，才可免於按反托拉斯法起訴。《聯邦貿易委員會法》規定，建立這一委員會作為執行反托拉斯法的執行機構。委員會有權對跨州公司進行調查，頒發禁令，以制止被定為「不公平」的貿易。

《克萊頓反托拉斯法》標誌著進步主義改革的頂峰。美國介入第一次世界大戰後，聯邦政府必須集中精力於戰爭上，同時，國家利益也迫使政府與大公司做必要的妥協，進步主義改革的勢力大大減弱。儘管如此，威爾遜在戰爭之初，還是鼓勵民主黨改

革派，例如在 1916 年，成功地通過 《聯邦農場貸款條例》
(*Federal Farm Loan Act*) 與《童工法》(*Keating-Owen Child Labor
Act of 1916*)。威爾遜和從事出口貿易的公司聯合起來對付外國競
爭。他還要求建立鐵路工人八小時工作但獲得十小時報酬的制度，
結果，國會據此通過了《亞當森法》(*Adamson Act*)。

第二節　爵士音樂時代

　　第一次世界大戰中止了進步主義改革。戰後的十年，美國進
入了爵士音樂時代 (Jazz Age)。這個時代的基本特徵是，美國進
入新的企業繁榮與變本加厲奉行自由放任主義。美國徹底和農業
傳統決裂。爵士音樂代表了一種新的生活方式，成為反對傳統與

圖 25：爵士音樂的代表——路易・阿姆斯壯 (Louis
Armstrong, 1901～1971)

進入消費社會的象徵。

　　在哈定 (Warren G. Harding)、柯立芝 (Calvin Coolidge)、胡佛 (Herbert C. Hoover) 這幾屆共和黨政府 (1921～1933) 看來，自由放任是社會的正常狀態，政府應該放棄進步主義時代發生的對企業的干預，讓社會「回歸正常」。柯立芝說：「美國的事業便是商業。」威廉‧懷特 (William White) 評價柯立芝說，他「真正地、真誠地、狂熱地拜倒在財富的足下」。其實，這幾屆總統與政府都是這樣做的，胡佛在 1928 年總統選舉中，一再肯定自由放任和自由企業是「美國制度」，他認為，美國繁榮的根源即在於此。在這幾屆政府中起著主要作用的是百萬富翁、財政部長安德魯‧梅隆 (Andrew W. Mellon)。梅隆最得意的政策是對富人減稅，在他看來這是政府最主要的職能。因為政府毫無公共福利的作為，因此政府預算總是綽綽有餘，這也被梅隆當作減稅的有力證據。國會通過減稅方案，將財產稅與個人收入最高附加稅減少一半，之後，國會又減輕了各公司應繳的稅額。

　　戰爭促進了經濟繁榮，在「回歸正常」的年代，企業繁榮與財富積累達到了新的高度。1880、1890 年代是鐵路時代，到了 1920 年代，一個重要的工業——汽車製造業崛起，亨利‧福特 (Henry Ford) 成為家喻戶曉的汽車大王。1911 年，福特的新工廠在密西根州海蘭德公園 (Highland Park) 開業。福特用現代的裝配線，製造出了 T 型汽車，一時成為時尚產品。豐厚的利潤使福特可以在 1914 年宣佈工人日工資五美元。這個工資標準把美國人的生活水準帶進了一個新時代，而這是生產效率與先進管理制度的

圖 26：福特汽車的裝配線

結果。整個社會出現了前所未有的對生產率的崇拜，對日益豐富的消費的謳歌。社會沉浸在一片歡慶之中。

　　一個消費社會於是出現了。人們稱頌消費，認為節約是不對的，是過時的生活方式。廣告對消費社會有不可缺少的作用，它為企業與個人進行吹捧，引導人們對現有生活產生不滿足的情緒，鼓勵他們去追求新的更加豐富的生活。廣告為人們創造新的需求，培養人們愛好奢華與時髦的心理。以分期付款的方式購物，是消費社會的一大發明，這讓人們買到本來無力購買的貴重商品與時髦商品。汽車再也不是少數富人所享有。只要有一份穩定的收入與信貸就可以盡情地消費，社會的繁榮也因之持續下去。在廣告商與一般的企業家心中，不斷創造新的消費就是「美國方式」，僅此而已。文明的含義再不是自由與平等，也不是艱苦創業，而是消費與享樂。

　　在追求高消費的同時，民眾也培養一種迅速致富的心理。暴發戶成為許多人的新夢想，進入股票市場是迅速致富之路，是實現美國夢的捷徑。在繁榮的 1920 年代生產率不斷提高，工業品市場愈益興旺，由此帶來的大部分收入都匯集成公司的利潤。利潤增長時，公司股票的價值也隨之上漲，起初這種上漲反映了公司資產的價值與盈利的潛力。但到 1920 年代後期，股票價格的飛漲，包含了愈益膨脹的泡沫。投資信託公司為投機者發行新股票。1923 年發行新股票二十三億美元，1927 年達一百億美元。其中很大部分屬投機性質。許多公司眼見股票行情高漲，寧可把積累的資金投入金融市場而不投資於企業本身。

　　這種狀況，不但沒有引起聯邦政府的警惕，反而宣稱這是穩妥與正常的狀況，實際上是鼓勵投機者。聯邦準備理事會繼續保持低利率，目的是阻止黃金流入歐洲與保持歐洲貨幣的價值，有利於美國向歐洲貸款。

　　改革的呼聲在爵士音樂時代仍有出現。改革派提出了在經濟領域進行改革的主張。諾里斯 (George Norris)、史密斯 (Al Smith) 以及後來成為「新政」總統的富蘭克林‧羅斯福針對 1920 年代電力工業被壟斷，提出了電力事業公有化的方案。他們主張公共電力事業的所有權屬於各州，由各州經營。1923 年，賓夕法尼亞州州長吉福德‧平肖 (Gifford Pinchot) 組織了一次調查，為在農村實現電氣國有作必要的準備。在諾里斯的家鄉內布拉斯加州建立了公營電力系統。史密斯在擔任紐約州長期間，有一系列的改革政績，在 1928 年競選總統時，則主張將主要的發電站與發電廠收歸

國有，並贊同農業改革。

一次大戰後的農業歉收，促使農民要求政府制訂市場銷售計畫。兩位國會議員回應農民的呼聲，向國會提出改革議案。主要內容是確立雙重價格制度，即出售主要農產品在國內採取高價，在國外採取低價。政府應收購過剩農產品，以維持供需平衡，從而實現農產品的「平價」。這一改革提案意味著，政府從此要承擔起農業繁榮的責任。這個提案經過國會通過成為議案，但被堅持自由放任的柯立芝總統否決了。柯立芝認為，這是為農產品製造人為價格。但他似乎忘記了，高關稅率與美國大企業的銷售運作，同樣是在工業品中製造人為價格，而且損害了農民的利益。

此外，也有一班知識分子（主要是年輕的作家）表現出對爵士音樂時代的社會不滿，作家格特魯德·斯坦 (Gertrude Stein) 將這些青年作家稱作「迷惘的一代」(Lost Generation)。這些作家對1920 年代的經濟繁榮、放任的政治與社會生活嗤之以鼻。他們對商業文化十分憎惡，但他們不是改革派，如小說家費茲傑羅 (Francis Fitzgerald) 所說：「爵士音樂時代的特徵是對政治毫無興趣。」於是，他們中有不少人紛紛離開美國，有的前往巴黎，也有一些人移居紐約的格林威治村 (Greenwich Village)。還有的人離群索居，閉門創作，抨擊流行一時的商業文化。在這些青年作家中，曾產生了一批傑出的人物，如小說家海明威 (Ernest Hemingway)、福克納 (William Faulkner)、詩人艾略特 (Thomas Eliot)，在美國文學史上享有盛名。海明威的《太陽照樣升起》(*The Sun Also Rises*) 和《戰地春夢》(*A Farewell to Arms*) 表達了對

十九世紀的行為標準與把戰爭理想化的傾向深惡痛絕。福克納深入揭露了個人與社會之間的極度緊張的關係，特別是美國南方社會的緊張狀態。艾略特在詩歌中揭示，庸碌無能是現代人的特徵。他最著名的詩篇〈荒原〉(*The Waste Land*) 在文學界有過廣泛的影響。所有這些作品都表現出迷惘的一代與這個荒誕社會的疏遠傾向，以及他們的反抗精神。另外，也湧現了一些傑出的黑人作家，如蘭斯頓‧休斯 (Langston Hughes)，他的詩歌，可與白人作家最優秀的作品媲美。他們對美國民主做了消極的批判，把崇拜企業和金錢與民主制度加以等同，結論是，庸俗自私、金錢至上是民主制度的必然結果。他們對普通人民的追逐財富與消費加以鄙視，對社會改革毫無信心。因此，對美國的前途產生一片絕望情緒，與改革派迥然不同。

　　爵士音樂時代的企業繁榮，以 1929 年開始的大蕭條告終。

第三節　大蕭條與「新政」時代的來臨

　　大蕭條開始於股票市場的崩潰。充滿泡沫的股市在 1929 年 10 月下旬發生大崩潰，而在這之前，蕭條的跡象已頻頻出現。10 月 24 日週四，股價暴跌，當天損失三十億美元，是謂「黑色的星期四」(Black Thursday)。10 月 29 日，股票再次慘跌，「泡沫」終於徹底破滅。這一天，股民損失一百億美元。一天中所損失資金相當於美國在一次大戰中的總費用。

　　緊接的是工業危機。當股市崩潰時，胡佛宣稱，全國大企業

是建立在繁榮與健全之上的。但事實卻不然，企業並不健全。工業利潤過高，工人工資卻有限。到 1929 年，百分之一的人擁有全國百分之三十六的財富。消費能力不足，必然導致產品積壓。在股市崩潰的兩年前，全國投資的年增長率已開始下降（與投機活動適成對照），主要就是因為購買力跟不上生產率，企業贏利的信心動搖。購買力不足，尤其

圖 27：大蕭條時代中貧困的母親

對建築、汽車這兩個美國經濟的支柱產業產生嚴重影響。這真切地反映了收入與財富的分配懸殊。甚至連中產階級都沒有足夠的現金與存款，不能像 1920 年代初那樣闊綽地進行消費。而少數富人正是用其過度的財富與收入去從事投機活動。工業生產在 1930 年底比 1929 年下降了百分之二十六，1932 年比 1930 年底更下降了百分之五十一。失業人數激增，1930 年 10 月為四百萬，一年後為七百萬，1932 年秋天劇增至一千一百萬。在職的人，收入也急劇下降。從 1929 年到 1933 年勞工年收入總數從五百三十億美元減少到三百一十五億美元。製造業尤甚，平均工資減少百分之六十，平均薪水減少百分之四十。農場主的情況更糟，收入從一百一十九億美元減少到五十三億美元。大量農產品積壓，沒有銷路。一蒲式耳 (bushel) ❶小麥 1919 年價格為二‧一六美元，1929

年跌至一‧○三美元，1932 年竟為○‧三八美元。棉花、玉米與其他農產品也價格暴跌。農場主發現自己的收入已不夠償還抵押貸款，甚至不能購買一家的食品，更談不上去購買工業品。約翰‧史坦貝克 (John Steinbeck) 在小說 《憤怒的葡萄》 (*The Grapes of Wrath*) 中揭示了大蕭條時期農場主的困苦，而這位大作家本人也同樣地貧寒。他用豬油與鹽當肥皂洗衣服，連寄書稿的郵費也拿不出。失業者走投無路，到處漂泊，成為流浪者，其中有分成佃農，有破產農場主，有大學畢業生、專業人員，反正，以年輕人居多。據估計，1932 年全國有流浪漢一百五十萬至二百萬人。被1920 年代的自由放任與企業繁榮所沉醉的胡佛曾預言，美國即將消滅貧窮。1929 年到來的蕭條把胡佛的預言撕得粉碎。

　　1929 年的大蕭條是自由放任的結果，是自由放任的弊病最徹底的暴露，它把資本主義制度推向了崩潰的邊緣。湯恩比 (Arnold J. Toynbee) 形容 1930 年代的西方世界說：「1931 年這一年有一個突出的特點──全世界男男女女都在思考與坦率談論這樣一個可能性，即西方社會制度可能會垮臺，再也行不通了。」

　　大蕭條之所以得以持續，成為一次世界性的經濟危機，也跟美國與歐洲諸大國的政策分不開。胡佛認為，蕭條的根源在歐洲。實際上，美國與歐洲的恐慌在相互影響，彼此推波助瀾。美國證券市場的崩潰加速了歐洲金融的崩潰，因為美國的信貸基金已經

---

❶　穀物計量單位。1 英制蒲式耳 = 36.37 公升 ；1 美制蒲式耳 = 35.24 公升。

枯竭，而歐洲經濟以及相互關聯的戰爭賠償與戰債償付都離不開美國的信貸。1931 年春夏之交，金融恐慌席捲歐洲，歐洲人拋售美國證券搶兌美元，致使美國股票價格愈發下跌。英國與其他一些大國被迫放棄金本位，使本國貨幣貶值，以便在國際貿易中牟取一己之利。 1930 年，胡佛簽署 《霍利－斯穆特關稅法》(*Hawley-Smoot Tariff Act*)，控制貨幣兌換與實行高關稅率，其實妨礙了國際貿易，削減了國際間的信任與相互合作。總之，在大蕭條及以後的十年中，各大國都奉行民族利己政策，沒有通力合作克服危機。

在蕭條與動盪的氣氛中，舉行 1932 年的總統選舉。選舉是圍繞著如何擺脫蕭條這一問題展開的。共和黨重新提名胡佛為總統候選人；民主黨推舉富蘭克林・羅斯福。

胡佛與富蘭克林・羅斯福對待大蕭條的態度完全不同。胡佛在大蕭條發生後，堅持自由放任。聯邦政府沒有採取有力的干預，也沒有對失業者與貧困者給予必要的救助。他認為救濟是地方政府的事情，反對聯邦政府救濟。面對大蕭條，胡佛是一個呆板、頑固、無所作為、對人民冷酷無情的總統。

與胡佛不同，富蘭克林・羅斯福樂觀、熱情，準備有所作為。在競選期間，羅斯福已把他的改革思路告訴選民。他敏感地發現，自由放任已經不靈了，美國必須有一套新的辦法，即實行「新政」(New Deal)。他說：「讓我們這次打破傳統的行動，……作為今後的象徵。……我向你們，也為我自己在這裡提出保證，要為美國人民實行某種新的辦法。」

圖 28：富蘭克林・羅斯福

　　新政的中心思想是，摒棄自由放任，聯邦政府干預經濟與給每個公民安排一個工作，以便滿足他們的生活需求。富蘭克林・羅斯福關心大多數　（特別是下層）人民的生活，他在競選演說中號召援助那些「壓在經濟金字塔底層下被遺忘的民眾」。自由放任的主旨是讓企業家「自由」地爭取繁榮，「放任」地獲取財富；聯邦政府干預則是由政府來管理經濟，讓大多數人民能享受繁榮創造的福祉。這是胡佛與羅斯福的不同之處，是新政的基本特徵。

　　富蘭克林・羅斯福從進步主義改革與 1920 年代被淹沒的改革思想中汲取了許多改革辦法。他主張政府管理公用事業，擴大聯邦政府的權力；他提倡政府對農業生產進行控制與貸款，以便提高農產品價格與減輕農民債務負擔。政府干預必定要涉及到聯邦政府預算平衡這一問題，羅斯福與胡佛對預算平衡持兩種不同立場。胡佛是教條式地堅持保持預算平衡這一古老的傳統，所以他不能有所作為，預算平衡於是像一個緊箍咒套住了他。羅斯福則不然，他在競選之時曾主張保持預算平衡，即便在新政之初，也試圖保持預算平衡，但這時他已認為，為了解救人民的苦難，為了改革，可以打破這一平衡。後來，他正是這樣做的。

　　選民選擇了富蘭克林·羅斯福。他獲得超過百分之五十七的普選票，以四百七十二張選舉人票的絕對優勢獲勝。民主黨人在參眾兩院也贏得多數席位。

　　1932 年的總統選舉是選民對民主黨的一次改革授命，是對富蘭克林·羅斯福「新政」思想的認可。美國歷史上最具深刻與深遠意義的「新政」時代來臨了。

第四節　「新政」立法

　　美國人崇尚法律，善於把政治問題納入法律的軌道，以法律來規範公民的行動，而一旦立法，公民都願意遵守。「新政」是最明顯的例子。所謂「新政」就是由一系列立法組成的一套新的管理模式，也即自由市場經濟與政府有限干預相結合的模式。這一模式通常稱為「管理型資本主義」。

　　富蘭克林·羅斯福上臺伊始即著手立法行動。1933 年 3 月 4 日，千百萬美國人圍在收音機旁收聽總統的就職演說，富蘭克林·羅斯福最後說：「全國要求採取行動，現在就採取行動。」演說後他宣佈全國銀行一律休業（實即暫停提取存款），要求國會召開特別會議。國會於 3 月 8 日開會，討論總統關於金融危機的特別咨文與內閣起草的 《緊急銀行法》 (Emergency Banking Act) 草案。不到八小時，參眾兩院以投票表決，通過了這項草案，送還總統簽署。接著，羅斯福提出了削減政府開支，包括削減退伍軍人年金的法案、解除《禁酒法》 (Volstead Act)，使出售淡酒與啤酒合

法化的法案。這兩項法案也迅速通過了，這意味著，在首都最有影響力的兩個院外利益集團——退伍軍人與禁酒主義者遭到了失敗。專欄作家沃爾特‧李普曼 (Walter Lippmann) 寫道：「在一個星期內，對任何人與事都已喪失信心的全國人民又恢復了對政府與自己的信心」。

富蘭克林‧羅斯福確是一位有謀略的政治家，他有意地要製造一個改革氣氛，以便進行有目的、有計畫的新政改革。接著，他就開始實質性的新政立法了。在 1933 年 3 月 4 日以後的一百天中，富蘭克林‧羅斯福向國會提交了十五份咨文，使十五項主要法案獲得通過，成為法律，史稱「百日維新」(The First Hundred Days)，是為「新政」的第一階段。其後，羅斯福全面鋪開新政改革。這些改革立法包括：

一、關於銀行、貨幣與證券市場諸立法

首先是上面提到的《緊急銀行法》，它確認了總統的銀行休業令；對依法本該破產或接受破產管理的數千家國民銀行（即經聯邦註冊的私人商業銀行）進行整理與重組；規定聯邦註冊銀行與信託公司可向公眾與復興金融公司 (Reconstruction Finance Corporation) 發行優先股，使銀行增加資本，從而實行商業信貸擴張、刺激經濟發展；為解決銀行貨幣短缺，聯邦儲備銀行可向某些地區的銀行緊急發行聯邦紙幣，而各銀行必須以相當面值的國債券作為擔保。

接著的是《證券法》(*Securities Act of 1933*) 與《證券交易法》

(*Securities Exchange Act of 1934*)。這是針對證券市場盲目的信貸擴張導致股票市場危機，以及股票證券交易中的欺詐行為和交易規劃中的種種弊端而提出的，而這正是 1929 年 10 月股票市場大崩潰的直接原因。上述兩項法律是為了對證券市場進行規範管理。《證券法》授權聯邦貿易委員會管理新證券的發行，但尚未觸及到證券交易中的弊端，《證券交易法》便是對證券交易活動進行立法，以便消除這些弊端，具體地說，立法是為了由聯邦貿易委員會監督管理證券交易活動，防止「局內人」操縱證券交易市場；今後所有新上市或已上市的股票證券，都必須在聯邦貿易委員會進行登記，報告實情，而聯邦貿易委員會確定購買股票證券的必要保證金比例，以限制貸款投機。總之，兩項立法的宗旨是通過種種規範與限制，使證券交易市場成為投資而非投機賭博的場所，既保護投資者的利益，又有利於經濟穩定。

二、《格拉斯－斯蒂高爾法》(*Glass-Steagall Act of 1933*)

1933 年 2 月，美國銀行體系全面崩潰，銀行因盲目信貸擴張助長證券市場的投機活動一事曝光，再度激起公眾要求改革銀行體系。5 月中旬，參議員卡特・格拉斯 (Carter Glass) 與眾議員亨利・斯蒂高爾 (Henry Steagall) 分別向國會提交改革銀行的方案，6 月 16 日，羅斯福簽署了《格拉斯－斯蒂高爾法》。主要內容是：為防止銀行利用存款或聯邦系統的資金進行投機，規定商業銀行必須與其下屬的證券投資機構脫鉤，商業銀行不得經營投資銀行業務。該立法還指示建立臨時儲備保險基金對為數達二千五百美

元的存款予以保險。該基金部分來自聯邦政府撥款（一億五千萬美元），其餘來自參加保險的銀行所交納的保險金。所有聯邦註冊銀行以及州註冊銀行中的聯儲成員銀行都必須加入基金。州註冊銀行中的非聯儲成員銀行也可參加保險。上述《證券法》與《證券交易法》標誌著聯邦政府第一次直接介入證券市場，《格拉斯－斯蒂高爾法》，特別是聯邦儲備保險基金更確保了銀行體系的長期穩定。從此，美國再也沒有出現過全國性的、災難性的擠提與擠兌。

在改革銀行體系的同時，羅斯福政府著手從金融方面來刺激物價上升，緩和蕭條。1933 年 4 月 19 日，他在記者招待會上宣佈，政府將放棄金本位制，讓美元貶值，以刺激國內價格上漲。6 月 15 日，國會做出決議，一切公私契約，均禁止用黃金支付。次年初，國會通過了《黃金儲備法》(*Gold Reserve Act of 1934*)，該法規定，停止鑄造金幣，所有金幣與金條歸國家所有；金幣停止流通；授權財政部控制一切黃金交易；授權總統以 1933 年價值的百分之五十至六十酌定美元的黃金含量。1 月 31 日，羅斯福宣佈將金價定為三十五美元一盎司。美元含金量為 1933 年以前價值的百分之五十九‧○六。

不論提高金價，還是購買黃金計畫，均未完全達到預期的價格上漲目標，西部產銀地要求通貨膨脹的呼聲再度高漲。於是，通過了《白銀購買法》(*Silver Purchase Act of 1934*)（該法直到 1963 年才廢除）。用購買白銀刺激貨幣供給從而影響國內經濟的效果不甚明顯，卻對中國、墨西哥等銀本位國家產生了災難性的

後果，終於迫使中國於 1935 年 11 月宣佈放棄銀本位，中國國內發生通貨膨脹與政局動盪。

三、《農業調整法》(Agricultural Adjustment Act)

羅斯福對嚴重的農業危機與農民抗爭一觸即發的形勢，十分焦慮。1933 年 3 月 16 日，他向國會提交一份咨文，要求對農業執行一次大膽的新政策。羅斯福建議的中心思想是「調整農業」，旨在通過控制生產來增加農民收入，通過向同意按國家計畫調整種植規模的農民提供補貼的辦法來控制生產。國會於 5 月 12 日通過《農業調整法》，該法規定小麥、棉花、玉米、毛豬、菸草、稻米與牛奶為必須限制產量的「基本商品」。農業部分別和各農戶簽訂「市場協定」，限制上述「基本商品」的產量。凡根據政府「按戶分配耕地面積計畫」，「自願」減少耕地、限制產量的農戶都可得到政府的津貼。同時政府還與農作物加工者簽訂銷售合約，確定銷售額與出口補貼。各項補貼的啟動經費來自一億美元的政府撥款，其後則靠徵收農產品加工稅來維持。上述政策的長期目標是重建工農業之間的「平價」，即農產品與工業品的比例恢復到一次大戰前後農業景氣時期的平均水準，從而使農民的購買力也恢復到這個水準。

《農業調整法》收到了積極的效果。由於生產的下降，加之一個時期的小麥、玉米遭到嚴重旱災，使農產品價格回升了。1932 年至 1936 年間，農業總收入增加百分之五十，出售農產品的現金收入（包括政府補貼）幾乎成長一倍。農工產品的「平價」

比例，從 1932 年的百分之五十五上升到 1936 年的百分之九十，主要受益者是商品農場主、大土地所有者、大量接受補貼的農場主。小農利益集團對《農業調整法》用減產來提高產品價格表示不滿。他們認為，農產品價格下跌主要不是農產品過剩，而在於市場本身，因為農產品帶有明顯的季節性，豐收季節市場飽和乃至過剩，價格這才下跌。限制產量損害了小農的利益。羅斯福接受小農利益集團的意見，建立商品信貸公司，由復興金融公司提供資金。農民可將過剩棉花暫交政府保管，政府予以相應的貸款。當市場高價時，農民贖回棉花，上市出售。政府用這個辦法來保持市場價格的穩定，玉米、小麥亦然。這樣，《農業調整法》也使小農得到好處❷。

四、《全國工業復興法》(*National Industrial Recovery Act*)

　　復興工業是一個更緊迫與重大的問題。在制定《全國工業復興法》前，已經提出許多不同的復興工業方案。1933 年 6 月 16 日，羅斯福簽署《全國工業復興法》。羅斯福改革思想之一是政府與企業界合作，共渡難關，讓工業得以復興，從而增加社會就業與工資收入。《全國工業復興法》是政企合作的試驗。羅斯福當時

---

❷　《農業調整法》遭到保守派的反對。1936 年最高法院宣佈該法「違憲」。於是羅斯福政府以《土壤保持與作物調整法》(1936) 作為替代。之後，國會在 1938 年又通過《農業調整法》。1933 年與 1936 年通過的這兩個法律都是農業調整計畫，目的是政府對農產品實行價格支持。此後，價格支持成為聯邦政府支持農業繁榮的主要形式。

滿懷信心地說：「我們可以再一次指望我們的工業界參加我們的共同事業來解除這一次的新威脅。」該法的主要內容是成立兩個政府機構。一是國家復興署 (National Recovery Administration)，在該署的監督下，由資方、勞方與公眾組成各委員會分別制訂本行業法規。《全國工業復興法》規定，企業暫不受反托拉斯法約束，根據公平競爭的原則，決定產品的最低價格，以保證利潤，但必須禁止壟斷，禁止童工與保證最低工資，必要時，總統有權直接制訂強制性法規，並具有法律效力。一是設立公共工程署 (Public Works Administration)，撥款三十三億美元用於建設公路、堤壩、政府設施、海軍基地與其他工程，並規定徵收超額利潤稅資助工程署。該法其中一項具有歷史意義的條款是第一部分第七條第一款，即著名的「勞工條款」，規定勞工有組織工會與通過自己選出的代表進行集體談判的權利；雇主及其代理人不准對勞工代表進行干預、限制與施加壓力等。這一條款使企業主對該法忿恨不已，成為他們日後反對《全國工業復興法》的主要原因之一。要讓企業犧牲利潤談何容易，在產官合作實施該法的過程中，最棘手的問題是價格問題。《全國工業復興法》的本來目的是提高公眾的消費能力，從而恢復國內在大蕭條前呈現的豐裕市場。但企業主只希望提高產品價格，不打算提高工資，就提高價格對政府施加壓力。國家復興署署長詹森 (Hugh S. Johnson) 曾雄心勃勃，試圖把實施《全國工業復興法》變成一場恢復就業與振興工業的全國性的改革運動。面對企業界的拒不合作與壓力，他顯得無奈。1934年6月初，國家復興署發佈二二八號備忘錄，規定只有在緊急狀

態下才可以確定最低價格，即使如此，企業界對這一法律仍加以反對。1935 年 5 月 27 日，聯邦最高法院宣佈《全國工業復興法》違憲。1936 年 1 月，國家復興署被撤銷。

《全國工業復興法》雖然被宣佈違憲，但根據這一法律的第二條成立的公共工程署繼續在工作，雖然未能對經濟復興發揮重大貢獻，但公共工程署對國家的基本建設卻有重要的推動作用。

五、《聯邦緊急救濟法》(*Federal Emergency Relief Act of 1933*)

羅斯福在競選中提出要解救「壓在經濟金字塔底層下被遺忘的民眾」，現在的問題是，一千二百萬至一千五百萬人失業，等待救濟。羅斯福起初仍是主張保持財政平衡的，但在需要鉅款救濟失業者與窮人時，他可以改變信仰，寧可財政赤字也要實行救濟。1933 年 2 月 21 日 ， 總統簽署由拉福萊特 (Robert M. La Follette, Jr.)、瓦格納 (Robert F. Wagner) 等人起草的《聯邦緊急救濟法》，建立聯邦緊急救濟署 (Federal Emergency Relief Administration) ，羅斯福的好友霍布金斯 (Harry Hopkins) 任署長。他就職時說，他「就是要做到誰也不挨餓」。他雷厲風行、精明幹練，在上任的頭兩個小時就撥款五百萬美元，緊急救濟署擁有五億美元經費，作為對各州的救濟撥款 (不是貸款)，其中一半直接給予貧困州，另一半撥給其他各州，但附有條件，即聯邦政府撥款一美元，各州、市要配套開支救濟費三元。此外還規定，任何一州所得撥款不得超過總額的百分之十五。霍布金斯還主張在直接救濟的同時，實行以工代賑 。 羅斯福遂決定設立民政工程局 (Civil Works

Administration) 來做這件事。工程局成績卓著，短短的三個半月期間，花費九億五千萬美元，最盛時期僱傭四百二十三萬人。在工程局遭到反對而告解散後，一些工程仍繼續完成。民間自然資源保護隊 (Civilian Conservation Corps) 是以工代賑理念的產物。1933 年 3 月 31 日，國會通過《民間自然資源保護隊重造森林救濟法》(*Emergency Conservation Work Act*)，總統當日簽署，同時成立民間自然資源保護隊，這個團體的主要活動是將大批「流浪的野孩子」與城市失業青年組織起來，進行有報酬的勞動，主要是植樹造林，保護森林資源。到 1942 年底，保護隊不僅創造了臨時就業機會，而且為美國社會造就了一支訓練有素的勞動力隊伍。

　　羅斯福曾說過全國有三分之一的人吃不好、穿不好、住不好。除增加就業、提高工資外，美國政府還注意改善住房，消除貧民窟。復興金融公司曾以撥款發行聯邦公司債券的辦法，幫助在大蕭條時代被取消房產贖回權的人得到貸款去贖回房產。其後，羅斯福又著手解決無房或住在貧民窟的人的住房問題。在「百日維新」期間，羅斯福計畫在當年花二千五百萬美元，平均每戶一千元，將二萬五千戶城鎮家庭安置到農村去。後來，他把二千五百萬美元建立自耕宅地計畫寫進了《全國工業復興法》。辦法是，由政府購買土地，建築住房與配套設施，然後再有價轉讓給自耕自給者，期限三十年。結果，建成了一百個社區，大多是農業墾殖地。那些離城市不遠的社區，以後就變成了城市郊區。

六、《田納西河流域管理局法》(*Tennessee Valley Authority Act*)

該法不同於其他法律，不是對窮人實行臨時賑濟，也不是對經濟的調整與管理，而是創造一個國營企業，當然，目的仍是解救「被遺忘的民眾」。

田納西河流域覆蓋田納西、阿拉巴馬、喬治亞、密西西比、北卡羅萊納、肯塔基 (Kentucky) 與維吉尼亞等南方七州，是一個貧民窟地區，該地區的居民收入還不及全國平均的一半。羅斯福對這裡的扶貧有一個新的設想，一個綜合治理與全面發展的宏偉規劃。1933 年 4 月，他要求國會設立「一個既擁有政府職權，又有獨立私人企業那種靈活性和首創精神的機構」，其職責為「制定開發整個田納西河流域的國家規劃」。5 月 8 日，他簽署了《田納西河流域管理局法》。根據該法，田納西河流域管理局將是綜合利用該河流的水力資源、多種經營的國有企業，主要從事生產化肥、提供電力、治理洪水、植造森林與水土保持等工作。其最初的啟動經費來自國會投資，並直接向國會與總統負責，但一旦運作，經費就靠自身創造的利潤與積累，以便日後進一步的開發。

事實證明，田納西河流域管理局是新政政績中較為成功的一項。該局提出了「發揚基層民主」的口號，利用機會與三個州進行合作，完成了這項宏偉的計畫，使這個貧困地區從此發生翻天覆地的變化。它不僅是一項扶貧措施，也是一項國家作為直接生產者對經濟進行干預的新舉措。

1941 年 ， 田納西河流域管理局已成為全美最大的電力生產

者，其出售的電力逾一千二百億千瓦小時，總收入逾三十億美元。

七、《瓦格納法》(*Wagner Act of 1935*)

該法是對《全國工業復興法》第七條第一款的取代與發展，主要內容是對美國工會的政治與法律地位的確認。

工業化以來，特別是 1920 年代的「十年繁榮」期間，大企業界確立了在經濟生活中的統治地位，並對美國政治生活發生決定性的影響，它是全美最大的，也是唯一的利益集團。《全國工業復興法》給予了工人建立工會的權利，但遭到企業界的抵制，工人不能不用罷工來顯示自己的力量與捍衛組織工會的權利。

當罷工運動日益壯大，勞資衝突愈益激烈時，羅斯福於 1933 年 7 月初建立國家勞工委員會 (National Labor Board)，作為調節勞資衝突的機構。1934 年 6 月，羅斯福建立國家勞工關係委員會取代勞工委員會，對《全國工業復興法》第七條第一款做出了具體的解釋，所謂對該條款增加「普遍法則」。但由於該條款本身只能調節勞資衝突，而無權進行裁決，問題仍得不到解決。鑑於此，1934 年起，參議員瓦格納著手起草新的法案，1935 年 2 月將法案提交參議院，此即《全國勞工關係法》(*National Labor Relations Act*)，簡稱《瓦格納法》。在參議院通過後，由總統簽署。羅斯福與勞工部長帕金斯原來對這個法案持不同意見，可能是大企業的反對，反而更堅定了羅斯福的決心，於同年 7 月 5 日簽署該法。

瓦格納把維護勞工權利與恢復經濟繁榮聯繫起來。他認為，只有通過工業收入的重新分配，才能實現經濟復興與社會穩定。

1920 年代，由於勞工組織薄弱，致使工業收入絕大部分成為雇主的利潤，削弱了工人的購買力，其不可避免的後果是大蕭條。要勞工提高收入就需加強工人的談判地位，必須對此有新的立法。

《瓦格納法》明確規定工人組織工會與集體談判的權利，以作為有效抗衡企業利益集團的辦法，而雇主必須與工人進行有誠意的談判並達成友好的協定；禁止雇主從事反工會的間諜活動，列黑名單破壞罷工，或強迫工人簽訂就業期間宣誓不參加工會的「黃狗契約」(yellow-dog contract)，不允許在工資待遇和提拔任用上歧視工會會員與工會領袖，禁止雇主干預工會內部失誤；強調了在勞工關係委員會監督下經大多數工人秘密選舉產生的工會是該公司唯一有權代表全體工人進行談判的組織。《瓦格納法》還規定新成立的勞工關係委員會是超黨派的獨立機構，是處理勞資關係的「最高法庭」。

《瓦格納法》是新政立法中最主要且有深遠影響的立法之一。該法把工會組織的地位提高到與資方平起平坐、談判合作的地位，意味著又一個利益集團的興起，而聯邦政府也不再僅是企業利益集團的代表，它還必須代表勞工利益集團與眾多的利益集團，成為凌駕於各利益集團之上的利益調節者與仲裁者。美國利益集團政治從此興起。經濟學家高伯瑞 (John Kenneth Galbraith) 稱它為「制衡政治」。隨著勞工權利的擴張，工人組織起來的工會往往不是仍按行業，而是按產業（汽車、鋼鐵、橡膠、建築等）建立。產業工會從此興起。1937 年，產業工會會員有一百八十萬，同年，正式成立「產業工會聯合會」(Congress of Industrial

Organizations)，簡稱「產聯」，為獨立於「勞聯」之外的另一個工
會聯合組織。

八、《銀行法》(*Banking Act of 1935*)

　　1935 年的《銀行法》是 1913 年《聯邦儲備法》的重大修正，
是對聯邦儲備體系的一次重大改革，是聯邦政府從華爾街奪回金
融管理大權，從此對金融進行有效調控的一項立法。

　　威爾遜總統簽署《聯邦儲備法》，為美國的金融改革邁出第一
步，但以後的二十年實踐卻顯露其弊端與局限性，必須進行徹底
的改革。1934 年 11 月，羅斯福任命伊克爾斯 (Marriner Stoddard
Eccles) 為聯邦準備理事會主席。伊克爾斯是一位凱恩斯主義者
(Keynesian)❸，他認為現存的儲備系統完全是為銀行家的權利服
務，而不是為國家的整體利益服務。他主張改革儲備系統，一上
任，就起草銀行法案，交國會批准。1935 年 8 月，羅斯福簽署
《銀行法》，該法確立了聯邦準備理事會對金融管理的領導權。依
據 1913 年的法律成立的聯邦儲備系統，由十二個地區聯邦儲備銀
行組成。真正的權力不在聯邦準備理事會手裡，而掌握在地區銀
行手裡，紐約儲備銀行權力更大，幾乎左右了整個儲備系統的貨

---

❸　凱恩斯主義 (Keynesianism) 指的是以英國經濟學家凱恩斯 (John
　　Maynard Keynes) 所著之《就業、利息，與貨幣通論》(*The General
　　Theory of Employment, Interest, and Money*) 為基礎的經濟理論，認為通
　　過政府的充分就業政策可以使經濟從衰退中得到恢復。追隨此一理論
　　的人後來被稱為凱恩斯主義者。

幣政策。1929 年的股市崩潰與接著的大蕭條都是與紐約等各地區儲備銀行的貨幣政策分不開的。該法改變了聯邦儲備系統的組織與權力結構，使一系列權力（尤其是公開市場業務的控制權）從代表華爾街利益的地區儲備銀行轉入華盛頓的聯邦準備理事會。此後，聯邦銀行可以利用貨幣政策對金融與經濟實行宏觀調控。同時，該法也為日後聯邦儲備系統實行相對獨立、持續與穩定的貨幣政策提供必要的條件。現代美國崛起的先決條件之一是金融體系的現代化，1935 年的《銀行法》是美國現代金融體系確立的主要標誌。

九、《社會保障法》(*Social Security Act of 1935*)

新政的基本理念是關心「被遺忘的人」，保障他們的生活福利。羅斯福深知，僅僅用緊急救濟是遠遠不夠的，必須從長計議，對失業者與貧困者予以長遠的福利保障。1934 年 6 月，羅斯福在致國會的咨文中說：「……家宅安全、生活保障、社會保險——在我看來乃是我們能夠向美國人民提出的最低限度的承諾。」他認為，政府應該有「一項長期而明確的政策」，並且每一年撥出巨額專款來完成這個目標。羅斯福任命勞工部長帕金斯負責草擬社會保障計畫。1935 年 8 月，國會通過《社會保障法》，並經總統簽署。

根據《社會保障法》，美國將實行聯邦—州失業保險聯合體制。該法規定向雇主強制性徵收聯邦失業保險稅，1936 年的稅額定為雇主支付給全體職工工資總額的百分之一，1931 年提高到百

分之二，此後增加到百分之三，長期保持不變。失業保險計畫由各州實施管理。各州可得到聯邦失業保險稅的百分之九十，另百分之十上繳財政部。所有四十八個州都在兩年內建立了失業保險體制，為大約二千八百萬工人提供失業保障。

關於老年人保險金，該法規定了兩種情況。第一種，年工資六千美元以下者，必須參加全國性老年保險制度，保險金由雇主與雇工平均分擔。第二種，聯邦各州共同負責照顧六十五歲以上未參加老年保險體制的貧民。

無論從當時還是從今天看來，這個《社會保障法》都是很保守的，遠遠不能說是對社會財富的重新分配。況且，該法還把最需要幫助的農業工人、家庭傭工、臨時工等排除在外。儘管如此，它仍不失為美國改革史上的一個里程碑，因為它開始確立了這樣一個觀念：政府要對人民的基本生活負責，因為它意味著與極端個人主義的價值觀的決裂。《社會保障法》標誌著美國向社會福利國家的轉變。

十、《公用事業控股公司法》 (*Public Utility Holding Company Act of 1935*)

美國是一個托拉斯高度發達的國家，這一方面擴大了生產規模，便於技術創新與降低產品成本；另一方面卻又扼殺自由競爭，滋長壟斷與腐敗。在進步主義改革年代，反壟斷是希歐多爾‧羅斯福與威爾遜這兩位總統的主要事業。新政進入第二階段時，富蘭克林‧羅斯福開始把矛頭指向托拉斯，他選擇公用事業控股公

司，因為這類控股公司是托拉斯中最壞的典型，是民憤極大的托拉斯。到 1932 年，十三家控股公司控制了全國的四分之三私營電力公司，最大的控股公司英薩爾 (Insull) 公司，通過層層控股，形成了包括一百五十家各種公用事業在內的金字塔王國，有雇員三百二十五萬。公用事業的集中，本意是集中資金，提高管理效率，但逐漸成了銀行家與投機家的樂園與謀取壟斷利潤的捷徑。層層控股，層層對最低層的經營公司進行剝削，最終是提高物價，把每一層控制公司的利潤變成消費者的沉重負擔。

羅斯福對公用事業控股公司的貪婪與詐騙行徑痛心疾首，他斥責這些控股公司是真正的敵人，揭露八十家控股公司操縱一億二千萬人民的命運。他主張消滅控股公司，在《公用事業控股公司法》中加上具有強制性的「死刑條款」，將不能提供它存在理由與證明的控股公司一律予以解散。

反壟斷的鬥爭總是會遭到控股公司瘋狂的反對，他們不擇手段地阻止法案的通過。最終，國會否決了「死刑條款」，通過了法案的其餘部分。羅斯福被迫作出讓步，於 1935 年 8 月 28 日簽署《公用事業控股公司法》，又稱 《惠勒－雷伯頓法》 (*Wheeler-Rayburn Act*)，該法規定所有公用事業控股公司必須在證券交易委員會登記。證券交易委員會有權監督公用事業公司的一切金融業務。五年以後，只要有足夠的理由與證據，證券交易委員會有權酌定解散不符合公益的控股公司。迄 1952 年，證券交易委員會解散和促使自行解散了七百五十三家控股公司，總資產約一百億美元。

十一、《稅收法》(*Revenue Act of 1935*)

二十世紀美國已著手稅收改革，作為謀求社會公正的一項手段。1913 年憲法第十六條修正案第一次賦予國會課徵所得稅之權。大蕭條與一千多萬人失業的現實，促使稅收的進一步改革，實現對財富的重新分配。

1935 年 6 月，羅斯福向國會提出稅收改革咨文。雖然遭到富人們的反對，但是國會還是通過了《稅收法》，1935 年 8 月總統簽署。

該法規提高財產稅，並將個人收入超額累進稅稅率從原來的最高限額百分之五十九提高到百分之七十五。年收入五萬美元起徵百分之三十一，以上逐級增加，直至年收入五百萬美元以上徵收百分之七十五，《稅收法》顯然利於小企業與低收入的納稅人。1936 年《稅收法》更使經理人先將公司大部分利潤分給股票持有人，而且，這樣的分配利潤將會縮小經理人員權力，增加股票持有人的選擇自由，他們可以將更多的收入用於消費或進行其他投資。因此，大企業對於 1936 年《稅收法》深表不滿。在 1937 年的《稅收法》中，更注意堵住安德魯·梅隆、阿爾弗雷德·斯隆 (Alfred P. Sloan)、杜邦家族及其他億萬富翁的漏洞，使《稅收法》日臻完善。

一開始，《稅收法》並未達到目的，因為當時經濟仍不景氣。但及至 1940 年，隨著充分就業的實現，《稅收法》顯示了其預期效果。《稅收法》是聯邦政府宏觀調控的重要內容之一，為重新分

配財富，謀求社會公正邁開了一大步。

羅斯福的新政立法，遭到了左右兩方面的反對。自由放任論者誣稱「新政」是要毀滅美國的私有制根基；貌似公正的人攻擊「新政」太保守，主張把社會財富在窮人中平均分配。「新政」改革的最大障礙是最高法院。1936 年，羅斯福試圖通過「充實」最高法院來改變最高法院的保守立場。羅斯福主張對年滿七十歲尚未退休的最高大法官配備助手。出乎意料的是，最高法院主動改變立場：取消了一系列過去的裁決，認可了《瓦格納法》。其後，一位持保守立場的法官退休，羅斯福任命了一位新法官。

新政立法一直堅持到 1937 年。是年，又通過了一些新的法律。但至 1930 年代末，國際形勢愈益緊張，羅斯福開始將注意力轉向外交。美國面臨反法西斯戰爭這個更重要、更緊迫的歷史任務。

「新政」改革改變了美國社會，政府干預成為美國社會治理的主要模式。二次大戰後，繼續奉行全面的政府干預還是回到基本上自由放任，成為貫穿於戰後歷史的主要線索。

第七章 | *Chapter 7*

美國與兩次世界大戰

第一節 「向外看」

內戰後，美國一直全神貫注於國內發展，直至 1890 年代後，美國才開始關注外部世界。海權論者馬漢 (Alfred Mahan) 提醒美國公民「向外看」，他在 1890 年說：「不管美國人願不願意，他們現在都必須把目光向外看。」以馬漢、希歐多爾‧羅斯福、老洛奇 (Henry Lodge) 等人為代表的擴張主義者，竭力敦促擺脫孤立主義傳統，以他們自稱的「大政策」左右政府的外交。

當時，美國關注的外部世界主要是加勒比海地區與太平洋地區。1890 年代發生了對夏威夷與委內瑞拉爭端的干涉。

夏威夷是太平洋上商業與海軍的重要基地，美國人心目中通往亞洲市場的中繼站。美西戰爭期間，1898 年，美國宣佈合併夏威夷。

委內瑞拉與英屬圭亞那的領土爭端已有半個世紀。1895 年，

美國向英國發出照會，要求由美國來仲裁這一爭端，目的是向英國與歐洲大陸各國表明，美洲是美國人的美洲。國務卿奧爾尼在給英國政府的公文中露骨的說：「今天，美國實際上君臨這個大陸，她的命令對於被干涉國就是法律。」美國的干涉以英國讓步宣告結束，這標誌著美國稱霸美洲的時代即將到來。

美國自建國以來，就覬覦古巴這個島嶼，一心要使她成為美國版圖的一部分。1895 年，古巴發生了反對西班牙殖民統治的起義，並成立了革命政府，這個形勢為美國所利用。美國曾試圖向西班牙購買古巴，也考慮過讓古巴在「自治」名義下成為美國的保護國。

與此同時，麥金萊政府著手戰爭準備，總統親自審查了海軍部長助理希歐多爾‧羅斯福提交的備忘錄，確定和西班牙的戰爭在兩條戰線（古巴與菲律賓）進行，強調了一旦開戰，亞洲艦隊「封鎖馬尼拉，如有可能就占領她」。杜威 (George Dewey) 被任命為亞洲艦隊司令。

1898 年 1 月 25 日，美艦「緬因號」以「保護僑民」為由駛入哈瓦那港 (Havana Harbor)，其實是炫耀實力準備軍事干涉。2 月 15 日，「緬因號」突然爆炸沉沒。這一事件成為戰爭的導火線。4 月 25 日，美國向西班牙宣戰。

美西戰爭是美國為奪取古巴與菲律賓而發動的一次帝國主義戰爭。這個「光輝的小戰爭」（splendid little war，海約翰 John Hay 語）僅經歷了三個月，宣戰不久驚人的消息從菲律賓傳來：5 月 1 日上午，杜威殲滅了西班牙的馬尼拉艦隊。曾經對戰爭表

示過猶豫的美國大企業界立即發出歡呼：「杜威軍艦上的炮聲，像是在太平洋上的一個新的照會，它向全世界宣佈，我們來到太平洋就要留下來。」12 月 10 日，兩國簽訂《巴黎條約》(*Treaty of Paris, 1898*)，條約規定：西班牙放棄對古巴的主權；西班牙將其管轄的波多黎各，西印度群島中其他島嶼以及馬里亞納群島中的關島讓給美國；菲律賓群島讓於美國，美國因此支付兩千萬美元作為補償。麥金萊愜意地說，短短的幾個月美國就成了世界大國。

此後，美國解散了古巴的革命軍隊並如法炮製了一項美古關係的附加條款——〈普拉特修正案〉(*Platt Amendment*)，使古巴變為美國的保護國。美國鎮壓了歷時三年之久的菲律賓抗美救國戰爭，菲律賓成為美國的殖民地。

美國的民主派反對侵占殖民地，聲援菲律賓的抗美救國戰爭，展開了一場聲勢浩大的全國性反對運動。民主派認為，地球上的每一個種族、每一個人都應享有「人人生而平等」；還認為，用暴力向其他種族傳播文明是文明的墮落。威廉·詹姆斯 (William James) 斥責菲律賓殖民戰爭時說，「文明不過是帶來如此結果的殘忍力量，和失去理性的行為所發洩出來的巨大、空洞、響亮、使人腐化、墮落、迷惑的一股洪流」。六十年後，美國人民高舉民主派旗幟反對美國加入越南戰爭。

美西戰爭的歷史性後果是美國建立加勒比海地區的霸權與美國勢力進入中國。建立加勒比海霸權的第一個行動是修建巴拿馬運河 (Panama Canal)。1901 年 11 月，美國與英國簽訂和約，英國同意美國在南美修建與設防溝通太平洋與大西洋的洋際運河。

1903 年 11 月 3 日，美國策劃在哥倫比亞和巴拿馬的領土發生一場「革命」。美國代理國務卿洛美斯 (Francis B. Loomis) 在其辦公室指揮這場「革命」，並派遣軍艦予以協助。第二天，美國政府承認了這個擁有主權的巴拿馬共和國。希歐多爾‧羅斯福在 1904 年 12 月的國情咨文中對門羅主義作了延伸，以便美國稱霸美洲的合法化。他說：美洲需要文明國家的干涉，「為了恪守門羅主義，美國不得不發揮一個國際員警的作用，儘管是勉強的。」

接著，美國干涉多明尼加、海地、尼加拉瓜，使這些國家都成為美國保護國。最大的一次干涉是威爾遜政府對墨西哥革命的干涉。威爾遜決心要把墨西哥成為他自命的「傳教士外交」試驗場，找到他所認定的「好人」來統治墨西哥，但他的目的始終未達成。這時，一次大戰已經爆發，美國擔心德國會煽動墨西哥反對美國，不得不暫時放棄干涉，1917 年 8 月，美國對卡蘭薩 (Venustiano Carranza) 政府予以正式承認，以使墨西哥在美德交戰中保持中立。

美國進入中國，則是在「門戶開放」(Open Door) 這一口號下進行的。當美國忙於收穫美西戰爭碩果時，列強正在中國掀起瓜分中國的割地狂潮，英、法、德、俄、日在中國領土上奪取殖民地與勢力範圍。遲到的美國可能會一無所獲，於是，要求列強把各自得到的殖民地與勢力範圍向美國與其他國家開放，實行貿易平等。國務卿海約翰在 1899 年 9 月至 12 月，向列強發出第一個門戶開放照會，目的是「希望為世界上也保留一個公開市場」。1900 年 7 月 3 日，海約翰向各國發出第二個門戶開放照會，把保

持「公開市場」提升為保持中國的「領土與行政完整」。這在當時是針對俄國試圖合併中國東北地區而提出的，之後則成為二次大戰前美國對華外交的指導原則。

第二節　一次大戰與威爾遜主義

二十世紀初，美國的外交主要在西半球。第一次世界大戰把美國的擴張視野擴展至整個世界。1914 年 8 月 1 日，德國對俄國宣戰，二天後對法國宣戰，8 月 4 日，英國對德宣戰。世界範圍的帝國主義戰爭發生了。就在這一天，威爾遜總統宣佈美國「中立」。

作為進步主義改革的旗手，威爾遜具備一種對國際事務的新眼光。他反對戰爭，認為自由競爭與民主秩序只有在和平環境中才得以實現。制止戰爭、重建和平符合美國國家利益與世界利益。威爾遜謀求一個不受戰爭與革命妨礙的開放世界。在這個世界裡，市場、平等契約與投資機會都將是對所有國家開放的。這就是威爾遜的理想與理念，史稱「威爾遜主義」。中立是威爾遜外交的第一階段，在眼前，可以維護商業利益；在將來，有利於美國領導一個開放的新世界。

然而，美國中立有十分明顯的傾向性。中立期間，美國為協約國提供貸款達二十三億美元，而德國僅得到二千七百萬美元。中立貿易的結果是，美國成為協約國戰爭物資與信貸的大倉庫。

如此的中立遭到德國的反對，德國開始用潛艇擊沉英美商船。

1915 年發生轟動一時的「盧西塔尼亞號」(RMS Lusitania) 事件。
「盧西塔尼亞號」是一艘英國的豪華客輪，1915 年 5 月 7 日，在
南愛爾蘭海面上被德國潛艇擊沉，一千一百九十八人喪生，其中
有一百二十八名美國人，這是一次大戰期間最大的一次商船擊沉
事件。5 月 13 日，美國向德國發出第一個抗議照會，要求德國結
束潛艇戰。

　　早在德國宣佈潛艇戰不久，威爾遜就派出其顧問愛德華‧豪
斯 (Edward House) 上校去歐洲試探和平調停的可能性，現在結束
潛艇戰成為調停的一項內容。1916 年 2 月 10 日，德國政府宣佈，
此後潛水艇僅攻擊武裝商船而不予事先警告。不過，隨著戰局的
發展，德國開始寄希望於潛艇戰來戰勝協約國。1917 年 1 月 31
日，德國宣佈次日起德國潛艇將不加警告就擊沉在英國水域的所
有船隻，不管是英國的還是中立國的。美國作出強烈反應，2 月
3 日，美國政府宣佈與德國斷絕外交關係。

　　就在這時，德國挑釁的新證據傳到美國。3 月底，英國人截
獲了一份德國外交大臣齊默爾曼 (Arthur Zimmermann) 發往墨西
哥的電報。內容是德國建議和墨西哥結成軍事同盟，共同對付美
國，德國將幫助墨西哥收復 1846 年的失地作為報償。英國人把電
報交給美國駐英國大使佩奇 (Walter H. Page)。

　　憤怒的威爾遜 4 月 2 日在國會發出對德戰爭的呼籲。4 月 4
日，參眾兩院分別以八十二對六票與三百七十三對五十票通過對
德宣戰。

　　1917 年 7 月 4 日，約翰‧潘興 (John J. Pershing) 將軍率領的

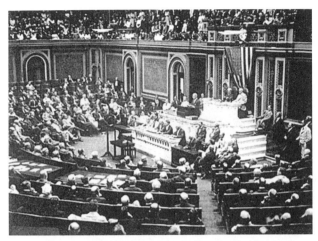

圖 29：美國總統威爾遜在國會正式對德國宣戰

第一批美軍到達巴黎，至 1918 年 9 月，有一百萬美軍抵達法國，11 月停戰時，有二百萬軍隊駐在那裡。美國士兵是實行單獨編制的，因為美國政府不認為美國是協約國的盟國。1918 年 11 月 11 日，德國投降。

　　參戰後的美國凝視著未來的和平，規劃重建世界秩序。1918 年 1 月 8 日，威爾遜總統向國會發表演講，列舉十四點和平原則作為媾和基礎，實現他所提出的「沒有勝利的和平」。十四點原則基本上有三大內容：開頭五點是許諾在戰後建立「開放的世界」；第六至第十三點是要求在歐洲實現民族自決；第十四點是實行「國際大聯合」，保證大國小國享有同樣的政治獨立與領土完整。在威爾遜看來，這是十四點中最重要的一點，是建立世界新秩序的保證。成立「國際聯盟」(League of Nations) 意味著建立一個集體安全體系，用新秩序代替昔日以占領殖民地與勢力範圍為特徵的國

際舊秩序。

1919 年 1 月至 5 月，巴黎和會召開。威爾遜親自率領美國代表團參加會議。

十四點原則是針對英法等勝利國的建議，但建立新秩序與恢復舊秩序發生了衝突，只有在美國揚言可能會和德國單獨媾和，並威脅要減少對歐貿易與貸款時，英法才同意以十四點為談判基礎。在國內，威爾遜遭到了來自孤立主義者與極端帝國主義者的反對，引發了一場外交政策大爭論，最終因為共和黨在 1918 年 11 月中的競選中控制了國會，與共和黨候選人沃倫‧哈定在 1920 年的總統選舉中當選，威爾遜的計畫宣告失敗。1921 年 7 月，國會宣佈正式結束戰爭，8 月通過對德條約。美國聲明，《凡爾賽和約》(*Treaty of Versailles*) 的條款對美國有效，但國聯條款除外。

第三節　二次大戰與雅爾達協定

《凡爾賽和約》與華盛頓體系❶沒有給世界帶來和平。德國、義大利、日本法西斯主義興起。

早在 1930 年代初，日本即發動對中國的侵略戰爭。1931 年，日本侵占中國東北，一年後，建立所謂「滿洲國」。義大利的墨索

---

❶　1921 年 11 月至 1922 年 2 月，美英法義日中比荷葡等九國討論亞洲海軍軍備限制與競爭，簽訂多項條約，構成華盛頓體系。

里尼 (Mussolini) 政權於 1936 年征服北非衣索比亞。德國的希特勒 (Hitler) 政權侵占萊茵河地區，開始大規模對歐洲擴張，1938年德國侵占奧地利，其後與英法政府簽訂〈慕尼黑協議〉(*Munich Agreement*)，占領了捷克的蘇台德地區。希特勒的戰爭政策使歐洲大戰一觸即發。

這時的美國對德、義、日的戰爭政策持中立的立場。

美國人民在第一次世界大戰後發現他們的民主與和平的願望未能實現，他們愈來愈趨向於回到美國歷史上的孤立主義。1929年開始的大蕭條促使美國政府把注意力集中於國內經濟的復甦與經濟上的民族主義。至 1933 年，孤立主義已成為美國的主流思潮。

美國在國際上奉行孤立主義，主要表現為孤立主義者控制下的美國國會通過了四個《中立法案》(*Neutrality Acts*)。這些立法規定禁止美國和任何交戰國貿易或發放貸款，目的是預防美國介入在歐洲大陸發生的戰爭。

羅斯福與國務卿赫爾 (Cordell Hull) 一開始便反對這些立法，認為這些表面上持中立立場的法律，實際上是鼓勵侵略者與慫恿戰爭，並非是中立的。羅斯福受制於《中立法案》，難有大的作為，但仍作了一些必要的防範。羅斯福對美洲各國實行「睦鄰」政策，就是要改變自希歐多爾·羅斯福以來的大棒政策，實行「以鄰為友」的外交政策。羅斯福在建立西半球國家間的團結與維護西半球的集體安全方面取得了重大進展。他對日本侵華奉行「不承認主義」，拒不承認所謂的「滿洲國」，這與蘇聯的承認滿洲國

　　形成鮮明的對比。不承認主義是一種非軍事干涉，即不用直接的軍事干涉而堅持用條約與其他一切和平手段來制止戰爭。非軍事干涉是羅斯福政府在《中立法案》的制約下採取的特殊防範政策。

　　1933 年，美國和蘇聯建交。

　　1939 年，德國入侵波蘭，英法隨即對德宣戰，第二次世界大戰爆發了。

　　在德國對波蘭、丹麥、挪威、荷蘭、比利時、法國發動閃電戰時，美國人對戰爭的態度慢慢地發生轉變。雖然美國起先還是想置身於歐洲戰爭之外，但事態的發展使他們確信，戰爭的擴大必將是對美國安全的威脅，特別是法國的淪陷，加深了美國這一信念。到 1940 年夏天英國遭到空襲時，美國已很少有人再持中立立場了。

　　羅斯福政府採取重大行動，準備在美國安全受到現實威脅時介入戰爭。首先是修改《中立法案》。1939 年 11 月，總統簽署經國會修改過的《中立法案》。新的《中立法案》規定，以現購自運的方式進行武器交易，意味著只要英法願意支付現金並用本國的船隻運走，就能向美國購買武器與軍用物資。這個《中立法案》雖然還是羅斯福和國會的一項妥協，但顯然對英法有利，它打開了美國支持英法進行抵抗的缺口。

　　然而，這已遠遠不夠，因為英法等國已沒有支付能力實現現購自運了。務實的羅斯福看到了這一點：需要甩開美元來放手支持英法。羅斯福政府向國會建議，授權政府「向總統認為其防務對美國國防至關重要的國家政府」出售轉讓、交換、出借、出租

或以其他方式處理軍事設備及其他物品。1941 年 3 月，國會通過
了《租借法案》(*Lend-Lease Act*)。羅斯福的目的正如他自己所稱，
要使美國成為「民主國家的兵工廠」，事實也完全是這樣。《租借
法案》起初的撥款是七十億美元，但到戰爭結束時，美國的租借
支出高達五百億美元。英國是受援最多的國家，共獲得三百六十
億美元，蘇聯得到一百一十億美元，中國也是受援國家。租借援
助是美國在第二次世界大戰中所做的最重要的貢獻之一。

　　美國還著手自身的防衛措施。與加拿大成立了共同防禦委員
會，與中南美洲國家一起對民主國家在西半球的屬地實行集體保
護。國會批准以鉅款加強軍備。1940 年 9 月，國會通過了美國歷
史上第一項和平時期的 《兵役法》 (*Selective Training and Service
Act of 1940*)。羅斯福在 1940 年 11 月的大選中第三次當選總統，
美國人民對羅斯福表示了極大的信任與信心。

　　羅斯福領導下的美國正在走向反法西斯戰爭。

　　美國對英法的支持導致美德關係的惡化，但引起美國參戰的
導火線是日本對美國主權與領土的侵犯，即臭名昭著的偷襲珍珠
港 (Pearl Harbor) 事件。

　　羅斯福關心的是歐洲的危機，因而希望避免或推遲和日本攤
牌。兩國之間在 1941 年進行了曠日持久的談判，中國問題成為了
談判的關鍵所在。雙方持強硬立場，國務卿赫爾把保持中國領土
完整作為美日正常外交關係的前提，這是日本不願接受的。占領
中國是日本的既定方針，東條英機政府表示，其他問題均可談判，
唯有中國問題，日本決不讓步。

　　1941 年 12 月 7 日，當談判還在華盛頓繼續展開時，日本的艦隊與空軍偷襲珍珠港。美國的太平洋艦隊措手不及，陷於癱瘓，二百架飛機被炸毀，二千五百名美國人喪生。三天後，德、義對美宣戰。美國介入第二次世界大戰。

　　美國迅速動員人力與工業生產能力。1942 年 1 月初，羅斯福宣佈驚人的本年度生產指標：飛機六萬架，坦克四萬五千輛，高射炮二萬門，商船一千八百萬噸（載重量）。全國的一切活動——農業、製造業、採礦、貿易、勞工、投資、交通，甚至教育與文化事業——都被置於某種形式的管制之下。在一次又一次的兵役法令徵召之下，武裝部隊增至一千五百萬人，到 1943 年底，約有六千五百萬男女參軍或從事與戰爭有關的工作。

　　第二次世界大戰主要戰場是在歐洲，太平洋戰區列為次要。羅斯福的大戰略是「先歐後亞」。1942 年春夏兩季，在美軍的援助下，英軍擊敗了德軍試圖奪取埃及的攻勢，並將德國隆美爾 (Erwin Rommel) 將軍逼退至北非的黎波里 (Tripoli) 一隅，解除了對蘇伊士運河 (Suez Canal) 的威脅。

　　1942 年 11 月 7 日，一支美軍在法屬北非登陸，經苦戰後，大敗德、義兩國軍隊，俘獲三十四萬九千人，到 1943 年仲夏，地中海南岸的法西斯軍隊完全被肅清。同年 9 月，巴多格里奧 (Pietro Badoglio) 元帥領導的義大利新政府和盟軍簽訂停戰協定。在義大利激戰的同時，盟軍對德國鐵路、工廠及武器庫進行毀滅性空襲，並深入大陸，襲擊德國在羅馬尼亞的普洛耶什蒂 (Ploieşti) 石油供應站。

　　1944 年，盟國在長時間討論戰略以後，決定開闢西歐戰場，藉以逼使德國從蘇聯戰場抽回更多的軍隊。德懷特‧艾森豪 (Dwight D. Eisenhower) 將軍被任命為盟軍最高統帥。大量準備工作就緒後，英美的第一批進攻部隊遂於 6 月 6 日由優勢的空軍掩護，登陸諾曼第 (Normandy) 海灘。在鞏固灘頭陣地後，更多的登陸部隊蜂擁而至，盟軍的鉗形攻勢使得守軍紛紛陷入包圍。接著盟軍開始橫穿法國，進入德國，不顧德軍頑抗，奮力挺進。

　　是年 8 月 25 日，巴黎光復。盟軍雖然在德國大門口遭到德軍猛烈反攻而受阻，但到 1945 年 2、3 月間，盟軍從西面開進德境；俄國軍隊自東向西進，德軍潰退。5 月 8 日，第三帝國的陸、海、空殘餘部隊宣佈投降。

　　同時，美軍在太平洋也大有進展。在遠東與太平洋方面，羅斯福希望中國成為反對日本的主力，中國抗日軍隊以持久戰抗擊日本的侵略，有力地牽制了日本軍隊，對美國日後在太平洋上的軍事行動是有力的支持。這使美國在歐洲戰場取得決定性勝利時有可能從空中與海上打擊日本。當澳大利亞與美國的軍隊經由所羅門群島、新不列顛島、新幾內亞等地向北逐島地推進時，美國海軍切斷了日軍的供應線。1944 年 10 月，美海軍在菲律賓海面獲大捷。

　　日本大勢已去，但硫磺島與沖繩島戰役表明，日本還會進行頑強的抵抗。美國政府估計為戰勝日本，可能要犧牲一百萬官兵。為減少美軍傷亡與早日結束戰爭，美國作出了兩個重大決策，一是在日本本土投擲剛剛試爆成功的原子彈，一是敦促蘇聯出兵，

圖 30：原子彈爆炸後的廣島

共同抗日。1945 年 8 月 6 日與 9 日，美國在廣島與長崎分別投下
原子彈。8 月 8 日，蘇聯紅軍攻入滿洲。1945 年 8 月 14 日，日本
正式投降。

　　第二次世界大戰結束了。美國為此次大戰做出了重大貢獻和
犧牲，一千六百萬美國人參加了戰爭，占美國總人數的百分之十；
傷亡人數達一百萬，約三十萬人死於戰場。

　　大戰期間贏得戰爭是首要任務，但羅斯福同時也在規劃未來。
他在 1941 年初致國會咨文中，表達了他基於「四大自由」之上的
理想世界。他希望世界建立在「人類四大自由之上，即言論自由、
宗教自由、免於匱乏的自由、免於恐懼的自由」。

　　在戰爭結束後，這個世界將如何在現實生活中重建？羅斯福
繼承了一次大戰後威爾遜總統的理念，主張民族自決、平等貿易
與通過永久的普遍安全體系來維護世界和平。不同於威爾遜的是，

他更注重於大國合作，即所謂「四強」（美、英、蘇、中）維護世界和平。在整個大戰期間，展開了大國外交來決定戰爭與未來的和平。

第一次重要的大國會談是 1941 年 8 月英美兩國首腦在大西洋阿金夏港 (Argentia Harbor) 的會晤與雙方簽訂的《大西洋憲章》(*Atlantic Charter*)。兩國首腦聲明戰後將「重建和平」，特別強調了「不謀求領土與其他方面的擴張」，雖然邱吉爾 (Winston Churchill) 解釋說，「效忠英王的地區與民族」，亦即英國的殖民地不在民族自決範圍之內。

戰爭勝利在望，英、美、蘇三國加緊規劃世界的未來，舉行了一系列的會晤。亟待解決的是 1945 年 2 月的雅爾達會議 (Yalta Conference)，會議有三項議題，第一項關於歐洲，最重要的是如何處理被解放的國家。焦點在波蘭。英美拒絕了蘇聯的要求，經過協商，三國首腦同意在波蘭組織臨時政府，這個政府應「保證儘快組織一次自由的不加限制的選舉」。對於歐洲其他被解放的地區，會議許諾「建立廣泛代表居民中一切民主力量的臨時政府，並保證儘早通過自由選舉，建立關心人民意志的政府」。關於德國，會議暫緩作出直接與未來邊界的決定，批准了歐洲諮詢委員會提出的分區占領（法國也有一個分占區）與建立盟國管制委員會的方案，規避了蘇聯關於德國賠款二百億美元的要求，僅同意把這一數字作為「討論的基礎」。

第二項議題涉及遠東。史達林 (Joseph Stalin) 在與羅斯福的秘密會談中，同意在德國投降後二、三個月內對日宣戰，條件是千

島群島和庫頁島南部需歸還俄國，蘇聯在大連的商業利益及其鐵路交通應予以承認。羅斯福若徵得蔣介石對這些條件的同意，蘇聯將同意「中國將保持對滿洲的完全主權」，並和中華民國政府簽訂一項同盟互助條約。

雅爾達會議的第三項議題是組織聯合國 (United Nations)。這一次，蘇聯接受了她在敦巴頓橡樹園 (Dumbarton Oaks) 曾反對的關於表決程式的建議，同意 4 月在舊金山召開聯合國會議，為一個永久性組織制定憲章。在英國的支持下，俄國人還為白俄羅斯和烏克蘭取得了聯合國大會的表決權。蘇聯表面上願意在一個維護國際秩序的組織中通力合作，羅斯福對此極為重視。他也像威爾遜一樣，設想聯合國的審議，特別是大國間的討論，將會提供匡正戰時最高級會議疏忽或錯誤的手段。

羅斯福從雅爾達回國兩個月後，患腦溢血去世，副總統杜魯門 (Harry S. Truman) 繼任總統。1945 年 7 月，英、美、蘇三國在波茨坦 (Potsdam) 舉行首腦會議，擬定了對德占領政策與有關德國前途的方案。三國同意給德國留下足夠的工業生產能力與保持寬鬆的和平時期的經濟，但不允許德國有能力恢復戰爭機器。波茨坦會議還決定審判戰犯，並於 1945 年 11 月在紐倫堡 (Nuremberg) 舉行。

America

第 IV 篇

當代美國

第八章 | *Chapter 8*

戰後初期的美國

第一節　「公平施政」與中間道路

　　第二次世界大戰後，美國繼續因戰爭而終止的「新政」改革，完善工業社會。

　　聯邦政府做的第一件事是復員軍隊。在兩年內，美國軍人從一千二百萬減至一百五十萬人。1944 年頒佈的《退伍軍人就業法》（*Servicemen's Readjustment Act of 1944*，俗稱《大兵權利法案》*G. I. Bill*），規定由政府貸款，使退伍軍人有能力購屋、經商或辦農場，並得到專業訓練，從而順利轉入平民生活。該法還資助二百萬退伍軍人上大學。

　　政府也著手使戰時經濟向和平經濟過渡。戰時物資缺乏、戰後工資大幅度提高、對消費品急迫需要，加之人口不斷增加，刺激了工業的發展。1945 年至 1948 年間，就業人數由五千四百萬增加到六千一百萬。

　　經濟繁榮帶來新問題。住房供不應求，汽車生產無法跟上訂單的需要，物價猛漲，乃至通貨膨脹的勢頭兇猛。但 1948 年，當供不應求基本獲得解決時，物價開始穩定。

　　1948 年，杜魯門出乎意料但決定性地擊敗共和黨候選人湯瑪斯‧杜威 (Thomas E. Dewey)，當選總統。杜魯門是一位徹底的新政派，他決意要繼續推行新政，他把他的計畫稱之為「公平施政」(Fair Deal)。在 1949 年 1 月的國情咨文中，杜魯門寫道：「我們應摒棄由少數享有特權的人掌握國家財富的那種名聲掃地的理論。相反，我們認為我國的經濟體系應該建立在民主的基礎上，應當為一切人的利益而創造財富。」杜魯門的咨文是對深入新政改革的有力召喚。他相信，「我國每個階層的居民與每個人都有權期望政府奉行公平施政」。然而，公平施政遭到了強烈的反對，他的健康保險建議被斥為具有 「社會主義性質」。國會拒絕廢除 《塔夫脫─哈特萊法》(*Taft-Hartley Act*)，還拒絕了杜魯門關於由聯邦政府對教育與中等收入家庭的住房提供資助的建議。由於保守派議員的阻撓，公平就業管理委員會這一機構也被扼殺了。雖然如此，「公平施政」改革計畫中的大部分內容變成了法律，政府擴大了社會保險範圍，增加受益人數一千萬；工人的最低工資由每小時四十美分增加至七十五美分。 1949 年 ， 國會通過關於拆除貧民窟、興建低租金住房的聯邦計畫。同時，在對付水災、旱災、農產品價格下跌等方面，農場主可以得到聯邦政府更多的幫助。

　　杜魯門開始把公平施政應用於黑人生活。在民權立法計畫遭到國會反對時，他利用了行政特權，在政府與軍隊中消除種族隔

離。這是公平施政改革最值得稱道的內容之一。

　　杜魯門的改革不斷遭到挫折，至共和黨在 1952 年大選中獲得勝利，公平施政便告結束了。

　　共和黨新當選的總統艾森豪走中間道路。他一方面接受新政時期所形成的社會與經濟結構，一方面壓縮公共開支，縮小聯邦政府的規模，減少政府干預。政府保留「公平施政」時期的社會與經濟立法，並擴大有關社會保險、教育資助、修建公共房屋、拆除貧民窟以及公共衛生等事業的聯邦計畫。新總統就職後不久，聯邦社會保險署與其他一些有關的機構合併為內閣級的衛生、教育和福利部。政府還把工人最低工資從七十五美分提高到一美元。1955 年，兩個最大的工會組織（「美國勞工聯合會」與「產業工會聯合會」）合併，新成立的「勞聯－產聯」宣稱擁有會員一千五百萬人。工會發生的貪污事件促使勞聯－產聯制定了嚴格的管理條例。同時，國會通過法案規定工會財務必須完全公開，尤其是退休金與福利基金，並須保障工會會員的民主權利。

　　艾森豪政府最有長遠影響的建樹是 1956 年制訂的 《州際公路法》(*National Interstate and Defense Highways Act*)，他本人自豪地認為該法是「有史以來一切國家制訂的道路計畫中最宏偉的一項」。根據這個法律，聯邦政府將為建造州際公路承擔百分之九十的費用。公路建設推動了郊區的擴展與 「豐裕社會」 (Affluent Society) 的到來。

　　然而，艾森豪對「國家統制經濟」這種做法總有一種恐懼感。他努力把經濟事業交給私人企業，或者把聯邦政府負擔的職責轉

移給州政府，以便在經費開支、稅收、管理方面減少聯邦政府的
作用。他曾試圖把被他認為是「社會主義滲透」的「田納西河流
域管理局」交給私營企業管理。但艾森豪的削減聯邦政府職能的
計畫未能實行，聯邦政府的規模與結構基本上保持他 1953 年入主
白宮時的狀況。

第二節　黑人開始爭取種族平等

　　「重建」南方以來，儘管有憲法第十三條、第十四條與第十
五條修正案成為黑人權利的法律保證，但實際上，對黑人的承諾
早已被置之度外。直至新政時代，黑人的平等權利才有一些發展
跡象。黑人有時能在政府中找到工作。聯邦政府開始撥款為黑人
建造學校、醫院與娛樂場所。二次大戰期間，因為戰爭與戰時經
濟的需要，黑人得到了更多的就業機會。羅斯福總統受黑人勞工
領袖菲力浦·藍道夫 (A. Philip Randolph) 的鼓勵，命令與政府訂
有軍工合約的工廠不得歧視黑人。1950 年代，上大學、參加投票
選舉、擔任管理工作與在政府中任職的黑人人數超過以往任何時
候，雖然占全國總人口的比例仍然極低。

　　這一時期裡，民權方面最突出的事件是，1954 年 5 月，最高
法院全體法官一致裁定各州和地方規定的黑白分校法律違反憲
法。最高法院援引了憲法第十四條修正案，在判詞中說：「公立學
校教育事業決不容許隔離但是平等之說存在。教育機構一經隔離
則無平等可言。」最高法院要求各學校制訂取消種族隔離的計畫，

並「迅速而慎重」地行動起來。這就是震動美國社會的布朗控告托皮卡地方教育局案 (*Brown v. Board of Education of Topeka*)。

然而，南方一些州展開抵制。至 1957 年，這場普遍的抵制活動在阿肯色州小岩城 (Little Rock) 達到了高潮。州長奧瓦爾·法柏斯 (Orval Faubus) 以黑白學生合校可能會危及公共秩序為由，調動了阿肯色州國民警衛隊去阻止九名黑人學生到小岩城中心中學入學。聯邦政府決定維護法律的權威。1957 年 9 月 24 日，艾森豪命令政府軍隊開進小岩城，制止白人的圍攻，維護秩序。黑人學生終於進校上學。

1950 年代的民權運動中湧現出未來的黑人領袖馬丁·路德·金恩 (Martin Luther King)。他開始了黑人的非暴力鬥爭。1955 年 12 月，阿拉巴馬州蒙哥馬利市的黑人在這位黑人牧師的啟蒙下，抵制該市公共汽車實行種族隔離，並向最高法院提起訴訟。抗爭堅持一年之久，終於迫使汽車公司取消種族隔離。1959 年，南方黑人廣泛採取非暴力的抵制手段，對南方餐座中的種族隔離提出挑戰，這一稱作「入座運動」(sit-in) 的行動迅速蔓延至整個南部，獲得了北方與南方白人的支持。反對種族隔離的抗爭，正在改變美國社會的價值觀念，白人優越論再也不能公開宣揚了。

與此同時，國會也開始採取行動。1957 年，國會通過了《民權法案》(*Civil Rights Act*)，這是自「重建」以來第一個《民權法案》，授權司法部制定保證黑人選舉權的相關法令。1960 年，國會通過了第二個《民權法案》，規定由聯邦政府派出審查員，保障公民的選舉權。以沃倫 (Earl Warren) 為首的最高法院則把 1954

年布朗案確立的原則——取消隔離才能公平，推廣到其他領域，取消了州際貿易、公共建築、機場、州際公路終點站、公園以及其他公眾娛樂場所的種族隔離制度。法律上的種族隔離被正式取消了，民權運動前進了一大步。

第三節　麥卡錫主義的興衰

當美國繼續沿著「新政」改革的方向走下去時，潛伏著另一股潮流，即反對「新政」與反共。第一個行動是反對工會。1946年以煤礦與鐵路為主的四百五十萬工人為增加工資舉行罷工。勞工顯示了他們的力量。共和黨控制的國會，在第二年通過了《塔夫脫－哈特萊法》，這一法案規定：工會與雇主均須提前六十天通知對方，方可解除合約。法案允許資方控告工會領袖違約，限制工會按照現行合約享有的若干特權。《塔夫脫－哈特萊法》限制了工會的談判能力，削弱了工會。在1948年的總統選舉中，杜魯門與民主黨曾表示要廢除這項法律。

早在二次大戰前，眾院曾建立過「非美活動委員會」，毫不留情卻毫無結果的搜查共產黨與激進分子的活動。在1945年搜查《亞美》(*Amerasia*) 雜誌社後，重新開始了對叛國與顛覆活動的調查。這迫使杜魯門政府不得不於1947年3月提出了對國家機關工作人員進行忠誠調查的計畫。到1952年底，有六百六十萬人由於安全理由而受到審查，但卻沒有揭露出一場間諜活動。政府還根據1940年關於禁止各種團體圖謀用暴力推翻政府的《史密

斯法》(*Smith Act of 1940*) 對美共領導人進行迫害。

圖 31：麥卡錫

在這種濃重的反共氣氛中誕生了麥卡錫主義 (McCarthyism)。1950 年 2 月，威斯康辛州參議員約瑟夫‧麥卡錫 (Joseph McCarthy) 發表蠱惑人心的演說，說「現在我手裡就有一份國務院的共產黨分子的名單」。他還說，這些人是「國務卿所瞭解的」，「仍然在擔任工作與制訂政策」。從此開始了麥卡錫在美國的演出生涯。

國務院任命一個以參議員泰丁 (Millard Tydings) 為首的委員會展開調查。經過幾週的聽證會，調查委員會宣告，麥卡錫製造了「一場欺詐與騙局」。然而，麥卡錫有恃無恐，愈發猖狂，國會出於麥卡錫造成全國一片恐慌，通過了《麥卡倫國內安全法案》(*McCarran Internal Security Act*)。杜魯門否決了這項法案，但國會不顧總統的否決，一致鼓掌通過。

麥卡錫的欺詐與騙局變成了一場對自由的威脅與以國家安全為名對持不同政見者的鎮壓。全國各地成立鼓吹麥卡錫主義的組織。麥卡錫分子不惜使用株連、忠誠宣誓、由告密者作證、開列黑名單、壓制言論與集會自由、通過立法機構對公民審訊與恐嚇等非法手段。「原子彈之父」歐本海默 (Robert Oppenheimer) 因反對繼續試製氫彈而被吊銷安全許可證，國務院官員希斯 (Alger

Hiss) 被控叛國而被定罪。

轟動一時的「希斯事件」後來證明完全是捏造的，目的是為了清洗國務院。至 1954 年的競選中，反共騎士、副總統尼克森 (Richard M. Nixon) 誇耀他已經把一大批「對安全構成威脅」的人攆出了政府。

麥卡錫主義沒有持續很久。1950 年韓戰爆發使美國社會的反共情緒達到頂點。而在 1953 年韓戰結束、形勢趨於平靜時，麥卡錫主義的根基就動搖了，失去了那種蠱惑人心的群眾基礎。麥卡錫把矛頭指向陸軍，卻遭到了軍隊的反擊。

杜魯門與艾森豪對麥卡錫是十分反感的，兩位總統是美國制度的捍衛者。當麥卡錫要求調查國防部檔案時，艾森豪予以嚴正拒絕。他聲明，總統有拒絕提供行政部門情況的「無限權力」。有正義感的人贊同這個聲明，對麥卡錫表示憤慨。1954 年 4 月至 6月，國會舉行電視聽證會，二千萬人收看電視轉播。麥卡錫把他的醜惡、蠻橫與虛偽表現得淋漓盡致，但這挽救不了他的命運。1954 年 12 月 2 日，參院以六十七票對二十二票通過譴責麥卡錫的決議。麥卡錫垮臺了。1957 年，他死了。

麥卡錫的醜劇顯示，作為美國價值觀與制度的民主與自由是那麼脆弱。在反對麥卡錫主義的過程中產生的總統「無限權力」──1957 年被定名為「行政特權」(executive privilege)，即政府拒絕向國會提供情報，以後成為一項慣例。它為開國元老締造的「三權分立」制提供了新內容，對美國政治生活發生了重要影響。

第四節　「豐裕社會」與社會均質化

　　二次大戰以後的半個世紀，美國進入經濟學家高伯瑞所說的「豐裕社會」，即全社會享有足夠豐富並物美價廉的商品與服務。美國從未出現過舊世界所理解的那種匱乏經濟，在舊世界看來，美國總是富足的，但美國從未像 1950 年代那樣豐衣足食、安居樂業。這主要是歸結於經濟增長。

　　杜魯門與艾森豪總統任期內 (1945～1961)，經濟基本上是平穩與高速發展的，雖然出現過短期的衰退或蕭條。1955 年，僅占世界人口百分之六的美國，生產了全世界一半的商品。1945 年至 1967 年國民生產總值由二千一百三十億美元增至七千七百五十億美元，即使計入通貨膨脹，這個成長也是驚人的。美國的主要工業如電力、石油、天然氣都有迅猛的成長。電子、塑膠等新型產業，也大大地刺激了經濟成長。與工業成長同步，勞工的數量也不斷擴大，至 1967 年，總人數已超過七千五百萬人。

　　1950 年代出現的豐裕社會，其最重大的後果是中產階級的膨脹，這個富裕、龐大的階層改變了整個社會。豐裕社會的顯著特徵是市郊化與中產階級在郊區享有新的生活。到 1960 年全國十大都市區已有五千萬人，都市區人口增長主要是由於郊區的擴展，城市人口大量流失。城市人口流失，郊區積極地擴展，反映了中產階級生活方式的改變。遷居郊區的運動在二次大戰前已開始，但大規模的遷居是在二次大戰後的繁榮時期，至 1960 年時，約有

四、五千萬人向都市郊區遷居。他們或是追求寬敞安靜的住所，或是為了子女能上較好的學校，有的就是要提高自己的身分地位或出於嚮往完全由白人組成的社區。汽車的普及使遷居成為可能，中產階級完全可以白天在市區上班，下班後回到郊區的家。

　　城市走向衰落的同時，農村的新一代嚮往著城市生活。至1960年代初，美國家庭只有百分之八依靠土地維生。歷來存在的農村格局已經蕩然無存。電力與汽車帶來了效率、方便，永遠結束了孤立狀態，全國已沒有窮鄉僻壤。

　　教育的興旺發達是豐裕社會的又一特徵。經濟繁榮、《大兵權利法案》、婦女與黑人開始取得平等、對專門知識與技能的迫切需求——所有這一切都成了教育發展的推動力，對中等教育與高等教育尤其如此。從1920至1960年，美國人口增長約百分之七十五，而高校學生人數增加了百分之五百，達到三百六十萬人。人口激增，也使中小學迅速發展，到1960年，中小學開支已超過一百五十億美元，紐約州為每個中小學生年花費五百美元，即使經濟不發達的中西部，也要花二百美元。十九世紀時，美國學生要到法國或德國去接受研究生教育，而現在整個趨勢已經倒轉過來。美國和世界著名學府加強了學術交流。《富布賴特法》(*Fulbright Act of 1946*) 使數以千計的美國學生與學者到外國學習或講學，一些大的基金會也為這項活動提供贊助。美國文明繼續以教育發達為基礎。

　　豐裕社會為社會的均質化創造條件。收入的普遍與大幅度提高、不再有大批的移民進入、中等教育接近普及、高校入學人數

猛增、消費品的標準化——所有這些都有助於使美國社會變得更為平等。汽車與電視加速了社會均質化的過程。二次大戰結束時，電視開始進入美國市場。1960 年，美國家庭已擁有五千萬臺電視機，三大電視網與一批廣告公司控制著電視節目。一位原電視事業人寫道：「當今電視的主要作用就是轉移注意、欺世騙人、娛悅觀眾與隔離現實。」

　　貧富差距很大，但在用錢買到的商品與服務方面，差別已經不大了。千百萬的美國人，包括白領與藍領，都能進同樣的學校，穿同樣的現成衣服，去同一個超級市場或專賣店購買物品，開同樣的汽車，到同一個海灘去度假。美國社會除了膚色所限定的階級區別外，沒有確定不移的階級區別了。自動化與流水線的生產使所需的生產者愈來愈少，服務業迅速成為經濟中心，這一發展也起著抹煞階級界限的作用。白領在增加，藍領在減少。1956年，白領工人在人數上首次超過藍領工人。在二次大戰後十年間，靠工薪生活的中產階級人數增加了百分之六十一。在戰後二十年間，專業技術工人所占比例成長將近一倍。至 1960 年，從事服務、專業、管理的白領為三千二百萬人，而工礦、農場的勞動者為三千二百萬。社會學家稱這樣的社會叫作「後工業社會」。

　　所謂均質社會，簡言之，就是社會大多數人共用富裕、舒適、安逸的生活，並從中形成一個共同的價值觀。這個價值觀就是貪圖安逸，避免風險，把一份牢固的工作、一棟郊區住宅和一份退休保險當作生活的最高目標。這個中產階級的新一代是對政治不感興趣、對社會漠不關心、一心經營個人安樂窩的一代。在這個

社會裡，我們看不到像德萊賽 (Theodore Dreiser) 所描述的十九世紀末二十世紀初的階級鬥爭與社會衝突。同樣的，社會也不再產生像摩根、洛克菲勒、卡內基這樣的精英，也沒有像龔帕斯或德布斯那樣強有力的工會領導人，如今他們都已讓位於坐在設備豪華、僚屬眾多的辦公室裡管理那個龐大、興旺的工會組織的官僚們了。

有組織的工人一般已確保每週勞動四十小時，假期照領工資，並享有多種福利與養老金。勞工富裕了，變得愈來愈保守。在「新政」後的半個世紀，美國有組織的勞工，正快速地轉變成美國經濟與政治生活中一支保守力量。

至於整個中產階級，他們付出的代價則是喪失個性。這些新型的雇員不想出類拔萃，只求得過且過。他們的才幹是適應環境與學會和周圍的人合作共事，而並不需要特別的能力與智慧。卓爾不群、呈現個性反而會遭受挫折。媒體也在宣揚平庸。有一部新片的解說詞是，「這裡沒有天才，只有一批普普通通的美國人在工作」。

教育的發展是值得驕傲的，然而，如今上大學對大多數人來說不是為了實現人生理想，而是為了找一個好的「飯碗」，永保在均質社會中的一席之地。教育品質有降低的趨勢。

連宗教信仰也變得通俗與大眾化了。宗教不過是讓人們有一種歸屬感。信仰是為了在郊區的宅邸裡自我滿足，而非在教堂裡悔過自新。

改革與反叛的年代

第一節 「新邊疆」與「大社會」

1960 年代為改革的年代。一方面是民主黨政府致力於把「新政」改革推向高潮；另一方面，1950 年代那「沉默的一代」讓位給激進的年輕一代，後者（包括白人與黑人）試圖對既成的社會體制發動一場革命，創造一個更為合理與平等的新體制。揭開這個時代序幕的是 1960 年總統大選獲勝的民主黨候選人約翰·甘迺迪 (John F. Kennedy)。

甘迺迪是第一位出生在二十世紀的總統，正如他自己所說，「火炬已經傳遞到美國新一代手裡。」他表示，他要在威爾遜的「新自由」與羅斯福的「新政」基礎上，尋求新的國家目標。他把他的改革稱之為「新邊疆」(New Frontier)——「一片充滿尚未實現的希望與威脅的邊疆」。

「新邊疆」最生動的象徵莫過於甘迺迪的太空探索。他把太

圖 32：約翰・甘迺迪（右）及其兄弟愛德華（中）、羅伯特
（左）

空看作是人類面臨的新邊疆中最新的邊疆，是充滿奧秘的宇宙向
人類發出的最後挑戰。因此，甘迺迪大力推進這一事業，1962 年
2 月，美國人進入太空軌道。他還規劃了美國人登上月球的藍圖，
結果在 1969 年 7 月 16 日（比原定日期提早半年），從佛羅里達州
甘迺迪角發射了月球飛船阿波羅十一號 (Apollo 11)。7 月 20 日，
尼爾・阿姆斯壯 (Neil Armstrong) 上尉成為行走在月球上的第一
人。

　　在美國與另一個超級大國蘇聯的宣導與競爭中，人類擺脫地
球的束縛，奔向冥冥太空的世紀開始了！

　　甘迺迪是在國內經濟處於呆滯狀態下上臺的。經濟增長變得

緩慢，有近百分之七的勞動力失業。因此，首要的任務是實現經濟復興。甘迺迪不顧一些企業家的反對，採取一系列溫和的辦法，特別是在 1963 年提出了全面減稅的建議（1964 年變成法律），鼓勵消費、開支與企業投資，從而刺激經濟增長，這帶來了美國歷史上和平時期持續最久的一次繁榮。在他當政期間，國民生產總值年平均增長率達到百分之五‧六。與此同時，甘迺迪政府又努力保持物價穩定，主要是實行把工資增長率保持在生產增長率之內的「工資一物價指標」，政府說服勞工接受合理的非通貨膨脹性工資合約，同時，制止鋼鐵公司等大企業的提價意圖。

雖然經濟增長與就業率提高，但地方性與由社會結構造成的貧困並沒有解決。「豐裕社會」並沒有消滅貧困。麥克爾‧哈靈頓 (Michael Harrington) 的著作 《另一個美國》 (*The Other America*, 1962) 對那些默默無聞的窮人作了深刻的描述 。 甘迺迪正視貧困問題，通過《區域發展條例》及有關開發阿帕拉契山區的計畫，著手解決「貧困之源」的問題。他相信，只有把減稅與消除貧困的努力結合起來，才能幫助那些被遺忘的民眾。

甘迺迪關注種族平等。他的胞弟、司法部長羅伯特‧甘迺迪 (Robert F. Kennedy) 扮演了更為積極關鍵的角色 。 他們二位認識到種族不平等是美國社會的一大弊病，必須治癒。甘迺迪說：「種族問題是一個道德問題。」他曾努力保障黑人的投票權，任命更多的黑人擔任高級公職，他還動用聯邦軍隊保護一名黑人學生進入密西西比大學，使他的入學權利得到了法院的確認。

這時，全國性的黑人民權運動在醞釀之中。馬丁‧路德‧金

恩領導了這一運動，1963 年 8 月 28 日，他在有二十五萬人（包括白人與黑人）參加的華盛頓林肯紀念堂前舉行的遊行中，發表了〈我有一個夢〉(I Have a Dream) 的演說。黑人的奮鬥正從寄託希望於國會與各級法院變為一場空前的群眾運動，開始採取直接行動的策略。甘迺迪雖然態度謹慎但他同情黑人，主張種族平等的立場堅定而明確。在一次電視講話中，他呼籲「在美國的生活或法律中，沒有種族歧視立足之地」。此後，他為制訂新的、範圍更廣泛的民權立法而努力不懈。因此，黑人社會對他推崇備至。

1963 年 11 月 22 日，甘迺迪在德克薩斯州達拉斯 (Dallas) 遇刺身亡，副總統林登‧詹森 (Lyndon B. Johnson) 繼任總統。詹森把國家新的目標稱之為「大社會」(Great Society)，在「大社會」的口號下繼續甘迺迪的未竟之業。國會順利地通過了有關減稅與民權的法案。《減稅法》共減稅一百一十五億美元，把這些錢投入經濟運行，使 1964 年的國民生產總值上升，比前一年增加三百八十億美元。1964 年的《民權法案》禁止在聯邦政府的經費使用上與在公共場所實行種族歧視，並且建立就業機會均等委員會 (U.S. Equal Employment Opportunity Commission, EEOC)。其後，國會又通過了一系列法

圖 33：馬丁‧路德‧金恩在遊行後發表演說

律，促進發展與平等。早已提出的聯邦政府資助教育事業和對老年人實行照顧、對窮人實行醫療補助的議案終於獲得通過而變成法律；1965 年的《選舉權法》(*Voting Rights Act*) 掃清了在行使選舉權時遇到的種種障礙。連同 1964 年獲得國會批准的憲法第二十四條修正案（禁止在全國性選舉中徵收人頭稅）標誌著美國政治的民主化又向前邁進了一大步。黑人也第一次進入內閣，擔任住房與城市發展 (Housing and Urban Development, HUD) 部長。

移民政策同樣作了改革。1965 年通過 《移民國籍法》(*Immigration and Nationality Act of 1965*)，使新移民的成分發生了重大變化。根據這項法律，廢除了 1924 年《移民法》中帶有種族歧視色彩的國籍限額制度，代之以按美國社會所需的專業技能與移民家庭團聚為原則的法規，結果使得亞裔移民大幅成長，拉美裔與東南歐移民也有所上升，西歐與加拿大移民則急劇下降。

在「大社會」的改革方案中，最有獨創性的是「向貧困開戰」(War on Poverty) 的計畫。它的精髓是為青少年提供就業機會。為此，向青少年提供教育與職業培訓，保證窮人「盡可能地參與」「向貧困開戰」計畫的各項活動。從 1965 至 1970 年間，聯邦政府為這個計畫提供近一百億美元，窮人從三千九百五十萬人減少到二千五百三十萬人，即從占全國總人口的百分之二十二減少到百分之十二。

越戰 (1955～1975) 摧毀了「大社會」改革，也毀了一位矢志改革的總統。1970 年初，「大社會」改革中止了。雖然如此，這

場改革對美國社會發生了重大影響與留下了寶貴的遺產，聯邦預算結構的變化表明了這一點。 1948 到 1953 年間完成由戰時經濟過渡到和平時期經濟的基本模式，即原本政府開支占國民生產總值的百分之二十八到二十九、非國防開支占百分之十五、國防開支約占百分之九到十，「大社會」改革改變了這一模式。政府開支增加到百分之三十三、非國防開支增加到百分之二十五、國防開支下降到百分之六至七。這一模式反映窮人、老人與黑人的境況有了很大的改善。

　　「大社會」改革試圖對一個高度發達的工業社會中存在的貧困與不平等加以改變，使之更為合理與人性化，是新政自由主義的高潮。

第二節　對主流社會與主流文化的抗議

　　自十九世紀末、二十世紀初開始形成的現代工業社會結構與其相適應的主流文化，在 1960 年代遭到了美國各族裔人民的抗議與反對，站在這個行列最前面的是黑人與青年學生。

　　從〈獨立宣言〉宣告「人人生而平等」以來，美國主流社會只是認可白人內部的人人平等，黑人、印第安人與其他有色人種移民是被排斥在外的。對占美國人口近十分之一的黑人的歧視、隔離與不平等是對美國社會的極大諷刺。對美國文明作出過重要貢獻的美國黑人曾經為爭取平等權利與融入美國社會而努力，甘迺迪與詹森政府支持種族平等的政策讓黑人再次認識到不平等的

現實，激起他們的鬥爭熱情。鬥爭至 1960 年代進入高潮。

　　1965 年，《選舉權法》剛通過不久，美國歷史上最激烈的種族暴動在洛杉磯瓦茲 (Watts) 社區爆發，六天內有三十四人喪生、八百五十六人受傷。1966 年克里夫蘭、芝加哥與其他許多城市的黑人區都發生了暴動。1967 年在紐華克 (Newark)、底特律發生暴動，引起了數十人的死亡，黑人抗爭者在底特律多處縱火，並襲擊員警。北部的黑人對民權法規僅是一紙空文，而不能改變黑人困苦失業的現狀表示不滿。

　　1966 年，黑人在暴動時提出了一個新的口號 「黑人權力」(Black Power)。這是黑人鬥爭向激進與深入發展的一個標誌。它表明黑人已不願作為一個弱者、被歧視者與消極的姿態，他們要向白人主流社會爭取平等。「黑人權力」 是對黑人種族身分的認同，對本身傳統與文化自豪感的肯定，表明黑人決心在平等的基礎上建立一個黑白溝通與融為一體的美國社會。

　　然而，在對「黑人權力」的解釋上，黑人內部存在分歧。馬丁‧路德‧金恩堅持非暴力鬥爭與一個黑白融合的社會。他譴責暴動中的暴力行為，他說：「宣揚暴力就是仿效美國社會中最惡劣、最殘暴、最不文明的價值觀念。」他反對黑人種族主義者，認為「黑人不能通過把自己隔離起來的方式得到解放，……黑人需要白人，白人也需要黑人」。「黑人種族主義」另一種解釋是黑人激進分子試圖模仿白人種族主義者，提倡「黑色優越」論：優越的黑人種族實行自我隔離，保持其優越的人種與黑色的純潔與美，然後，對「醜惡白人」進行報復。激進派的領袖甚至揚言「消

滅那些要消滅我們的人」，鼓動廣大黑人採取縱火與暴力，「燒啊，夥計，燒啊！」1966 年，黑人權力運動中最好鬥的一個集團建立「黑豹黨」(Black Panther Party)，試圖代替「全國有色人種協進會」 (National Association for the Advancement of Colored People) 與金恩牧師的 「南方基督教領袖會議」 (Southern Christian Leadership Conference) 等老一代黑人組織。

金恩牧師依然希望架起白人與黑人之間的橋樑，溝通這兩個社會。但在當時激進情緒籠罩下的美國，未取得顯著進展。1968 年 4 月 4 日黃昏時，他在孟菲斯 (Memphis) 遭一名白人暗殺。金恩牧師的死激發了一場新的暴動，數百座城市同時發生暴亂，共有四十三人喪生，三千五百人受傷，二萬七千人被捕。聯邦政府出動軍隊來對付動盪且險峻的局面。不久，羅伯特‧甘迺迪也遭暗殺。三位改革者相繼遇害，表明這個社會是多麼的動盪與混亂。如甘迺迪總統生前所說:「一個像我們這樣組織起來的社會能否生存下去，要重新加以考驗。結果如何，殊難料定。」

「黑人權力」確實是對白人主流社會的一個明確的警告，必須加快步伐實現種族平等 。 詹森政府借助這一形勢繼續改革 。 1968 年國會通過了一項《公平住房法》(*Fair Housing Act*)，目的是要在合眾國百分之八十的住房中禁止種族歧視。詹森還提名瑟古德‧馬歇爾 (Thurgood Marshall) 作為聯邦最高法院的第一位黑人法官。在黑人這方面，待「黑人權力」風暴過後，他們又恢復明智與冷靜。據 1969 年的民意測驗，大多數美國黑人依然相信，可以依靠非暴力手段贏得平等，贊同金恩牧師的夢想，一個平等

而多民族社會的理想。

　　1950 年代保持沉默的大學生，到 1960 年代中變得活躍起來。「新邊疆」精神是對他們的鼓舞，激發他們為反對現存體制，實現社會理想而奮鬥。越戰使他們更看清楚了這個體制的弊病。激進的學生認為，這個體制必須推翻與重建。大學校園的抗議變成一場在「真正參與民主」口號下的全國性政治與社會運動，並從反對離他們最近的那部分體制——「學校」本身開始。

　　第一個起來發難的是加州大學柏克萊分校 (University of California, Berkeley)。學生（包括同情他們的教師）通過「言論自由運動」 (Free Speech Movement) 這一組織進行抗議活動。 1964 年 12 月 2 日，一千多名抗議學生占領了一棟行政大樓，晚上靜坐者在那裡唱歌、看電影、聽即席演講。在他們拒絕撤離大樓時，學校請來了員警，逮捕了八百餘人。柏克萊的反抗展示了即將席捲全國的學生抗議運動的普遍反抗形式——象徵性的違反規則、糾察、群眾大會、占領校內建築、消極抵抗逮捕與罷課。

　　來自柏克萊的消息，激勵其他大學。成立於 1962 年的「爭取民主社會大學生協會」 (Students for a Democratic Society) 領導了全國學生的運動。哥倫比亞大學 (Columbia University)、康乃爾大學 (Cornell University)，與其他一些著名院校都成為這一抗議運動的中心。反對越戰、種族平等、大學民主管理是抗議的主要內容。在整個 1969 至 1970 學年 ， 學生對越戰的繼續感到不滿 ， 策劃「暫時停課」活動。學生們上街遊行，參加群眾性集會，徵集反戰簽名。1969 年 11 月，大約二十五萬名反戰人士聚集華盛頓，

遊行持續四十小時，從阿靈頓國家公墓 (Arlington National Cemetery) 出發，行進到白宮草坪。尼克森採取無視學生的政策，並違反了他自己許下的將越戰逐步降級的諾言，因而引起了新的抗議浪潮。手無寸鐵的學生遭到了武裝鎮壓，1970 年 5 月 4 日，進駐肯特州立大學 (Kent State University) 的國民警衛隊向學生開槍，打死四人，傷九人。肯特流血引起了強烈反應，四百二十六所高校宣告停課。在威斯康辛大學 (University of Wisconsin)、紐約州立大學水牛城分校 (State University of New York at Buffalo) 等學校，學生與員警發生戰鬥，密西西比州的傑克遜州立大學 (Jackson State University) 發生了流血事件，二名黑人學生被打死，七人受傷。反戰抗議持續到尼克森政府奉行較為緩和的越戰政策後才逐漸平息。

激進派認為，新政改革已經不夠，需要從根本上重建社會，黑人與白人才能得到同樣的公正與自由；改革要擴大到黑人社會與黑白平等。黑人大學生積極參加反抗活動，他們特別致力於教育上的平等，認為聯邦政府給予各州的教育撥款，除非附有保證條款，否則少數族裔無法公平地分享利益。黑人大學生還迫使學校調撥更多款項以滿足黑人的需要與彌補以往造成的種族教育差距。他們也要求在大學中加強黑人文化研究。不論哪個族裔的學生都要求參與大學的民主管理。

除新左派外，還有一部分學生，採取與主流社會疏遠的辦法，發洩對社會的不滿與尋求自己的社會理想。這些人被稱為「文化疏離分子」或「嬉皮」(Hippie)。他們憤世嫉俗，不願投身政治抗

議，寧可逃避現實，以吸毒產生的幻想、奇裝異服與古怪的行為來表示對現存體制的不遵從。

嬉皮把自己稱作「花之子」(Flower Children)，因為他們總是向員警與其他干涉他們的人送上一束鮮花。有些聚居在一起，建起所謂「群居村」，帶有十九世紀曾在美國盛行一時的公有制社會思潮的味道。在一種「大家庭」思想的基礎上實現財產、性愛與子女的公有制。到 1970 年，全國各地建有二百多個群居村，成員約四萬人，其中絕大多數人在三十歲以下。「做你自己的事」是嬉皮的口號，他們實現這一口號的主要支柱是毒品，藉著吸毒後的幻覺去雲遊世界，藉以逃脫現實社會。

形形色色的反叛活動——從新左派到嬉皮，從群居村到吸毒幻遊——匯集到一起，形成一個反主流社會的潮流。

反主流運動中產生了一批思想家與文化人。赫伯特・馬庫色 (Herbert Marcuse) 尖銳地批評美國體制的壓制性，他的主要著作是《愛欲與文明》(*Eros and Civilization*, 1955)、《單向度的人》(*One Dimensional Man*, 1964)，他號召人民對現存社會進行思考，而缺乏這種否定的思考正是「先進的工業社會壓制與調和反對意見的物質過程」所造成的。作為否定思考的結果，馬庫色對傳統的自由主義價值發出挑戰，他表示他不會「容忍侵略政策、軍備、沙文主義、以種族與宗教信仰為藉口的歧視或者反對擴大的公益服務、醫療照顧」等等。事實上，反主流文化就是一次否定的思考，是對傳統價值的挑戰。

馬庫色的激進還表現在他試圖證明，反抗現存社會是人民應

有的「天然權利」，他為此進行辯護。在他看來，即便進行暴力反抗，也是合理的。

麥克爾·哈靈頓提出了另一種激進主義。這位因《另一個美國》而聞名的作家，在《走向民主的左派》(*Toward a Democratic Left*) 一書中認為，在美國談論暴力革命，那是胡扯。他說，這個國家迫切需要根本的經濟與社會改革，他把變革的希望寄於一個他認為正在出現的新階級，一支由具有社會良心、受過大學訓練的專業人員所組成的階級力量。此外，諾曼·梅勒 (Norman Mailer)、保羅·古德曼 (Paul Goodman)、艾倫·金斯伯格 (Allen Ginsberg) 等人都是反叛運動的預言家與鼓吹者。

音樂在反主流文化的形成中發揮過主要作用。搖滾歌曲宣揚群居生活，如「我們大家都住在一艘黃色的潛水艇裡」；巴布·狄倫 (Bob Dylan) 是美國的傳奇歌手，他起初唱社會良心，以後又改唱民歌搖滾歌曲，讚美吸毒、種族、性愛、人性與往事。這些歌曲發洩出反叛一代的心聲，又通過歌聲把他們的不滿傳達給全社會。

1960 年代的青年反叛運動匆匆過去。他們所描繪的這幅激進的社會理想圖畫很快被淡忘了，但它給人們留下了許多思考的空間。雖然參加這場反叛運動的人只是這個年齡層青年的百分之二，但他們提出的問題屬於整個青年一代。青年一代感到壓抑，缺乏個性，要求更徹底、更迅速的改變現行體制與現狀。在這個意義上，1960 年代的青年反叛，是一次草根改革運動。

自二十世紀初以來的改革——進步主義改革、新政、公平施

政，都是聯邦政府自上而下進行的，旨在完善現代工業社會。而1960年代的反叛是由青年學生起來提醒全社會重新審視與評估這個社會及其體制與價值觀念。「參與民主管理」、「做你自己的事」等綱領與口號都反映了一種超越工業社會與傳統價值的新價值觀，旨在迎接多元化、全球化時代的到來。值得注意的是1960年代的反叛發生在整個西方，反對的目標不是一個政府而是一個普世的社會——現代工業社會。

1970年代以後，主流社會默默地吸收某些新的價值，以豐富與加強主流文化。「政治正確」(political correctness) 成為美國社會的時髦話語。也就是說，不能繼續歧視種族與性別，因為那背離了美國憲政包含的價值（諸如自由、民主、平等、多元文化），在政治上是不正確的。調查表明，白人愈來愈明確地表明對平等原則的承諾。在1964年《民權法案》批准前，種族平等與公正的理念還被認為是相當激進的，在美國某些地區還被認為是危險且顛覆性的思想，而經過1960年代後，「政治正確」這一話語的流行表明，美國對過去的種族歧視已宣告追悔與決裂，至少在語言這個層面上是如此。

反叛的一代過於激進的理想不會付諸實現。一些荒誕的行為如吸毒、群居給社會帶來了危害，也不可能成為一種正當的生活方式，因此對1960年代的遺產要區別對待。

第三節　試行背離「新政」傳統

　　反叛年代以共和黨尼克森政府執政而告結束。

　　尼克森在 1968 年大選中以些微差距險勝民主黨候選人、自由主義改革者韓弗理 (Hubert Humphrey)。1972 年大選中，尼克森連任總統。尼克森是一個實用的保守主義者。他看到了經歷反叛年代後美國社會開始轉向保守；他認為，被他稱為「沉默的大多數」的中產階級是共和黨保守主義的社會基礎，他們承受著浪費而龐大的社會計畫的重擔，這些社會計畫使政府的開支空前增大，讓中產階級下層與白人納稅者肩負納稅重擔。尼克森指出，大量增加的政府開支並不是用於為了黑人下層階級的「大社會」計畫，而是「應付由杜魯門政府首次提出的國家醫療保險的有限部分」。這個開支日益增大，不勝負擔，僅在 1960 至 1970 年間，用於社會保障與醫療方面的錢，增加了四百四十三億美元。

　　尼克森反對大政府，即不斷增加政府的規模與干預，反對政府的官僚主義，用他的話說，「政府運轉不靈」。尼克森把這歸為「新政」傳統，新政的必然

圖 34：尼克森

結果，而這兩次共和黨在大選中的勝利是「選民的授權」，是選民授權共和黨奉行保守主義政策，摒棄羅斯福開創的「新政」傳統。

尼克森反對政府干預經濟，反對甘迺迪關於工資與物價管制的政策，主張放鬆聯邦的控制，放手讓企業自由發展，但在保持「停滯性通膨」（Stagflation，經濟停滯與通貨膨脹同時並存的現象）的情況下，尼克森終於放棄其傳統的理論與做法，宣佈奉行凱恩斯主義。1971 年 8 月，宣佈管理工資與物價的新辦法，並命令暫停美元兌換黃金，以便提高美國商品在國際市場的競爭力；繼而宣佈美元貶值。這意味著在布雷頓森林會議 (Bretton Woods Conference)❶上確立的以黃金—美元互換為基礎的國際貨幣體系的終結。

尼克森試圖削弱聯邦政府在社會福利領域的作用。他提出把權力、資金和責任從華盛頓轉移到人民和各州手裡的「新聯邦主義」 (New Federalism)。在第二個任期中，尼克森試圖大量砍去「大社會」的專案。

對於黑人民權運動，尼克森有意延緩其進展的步伐。他抨擊用校車接送學生來消除學校中種族隔離的方式。他的所謂「南方戰略」，就是爭取南方藍領白人家庭的支持，讓他們相信，黑人民權與藍領白人的利益是對立的。

---

❶ 二次大戰期間，各國代表在美國新罕布夏州布雷頓森林召開會議（1944 年 7 月），就戰後國際金融問題進行討論與安排，並建立國際貨幣制度，確定黃金與美元兌換的比價，從而建立以美元為中心的固定匯率體系。

　　尼克森是一個權力狂，為了權力不擇手段，乃至置法律於不顧。他設有四十八名助理，這些助理必須忠實於他。尼克森對政治對手則力求置於死地。

　　帝王般的總統權力與尼克森極端乖張的個性終於導致了「水門事件」(Watergate Scandal) ❷。確鑿的證據表明，尼克森一手策劃掩蓋水門活動並阻撓司法部門對水門事件的調查，此外，還違反憲法、濫用總統權力。懾於國會彈劾，尼克森於 1974 年 8 月 9 日辭去總統職務。

　　尼克森是美國歷史上至今唯一一位辭職下臺的總統。在這次憲法危機後，國會通過一系列的法律，以便維護與完善民主制度，特別是防止總統權力的無限擴張。1973 年，國會通過《戰爭權力法》(*War Powers Act of 1973*)，授權總統在某些特定情況下宣戰，但只有在得到國會同意後才能繼續，否則必須在九十天內停止。1974 年，通過《國會預算暨保留管制法》(*Congressional Budget and Impoundment Control Act of 1974*)，目的在防止類似尼克森政府當政時期那種不受限制擱置議案的做法再度發生。同年，通過《聯邦競選法》(*Federal Election Campaign Act*)，限制私人捐款在大選中的作用。各州政府還相繼通過了《陽光法案》(*Sunshine Laws*)，增加政治的透明度與公眾對政府運作的瞭解。國會也加強了對主要情報機構——中央情報局 (Central Intelligence Agency, CIA) 與聯邦調查局 (Federal Bureau of Investigation, FBI) 的監督。

---

❷　竊聽事件。1972 年 6 月 17 日深夜，五個攜帶照相機和電子竊聽裝備的人在華盛頓水門大廈的民主黨總部辦公室被捕。

第十章 | *Chapter 10*

美國與冷戰

第一節　早期冷戰

　　二次大戰後世界出現了兩個超級大國——美國與蘇聯。面對
強大的對方，美蘇都擔心其自身的安全，同時又謀求對外擴張。
蘇聯在東歐、伊朗與柏林的表現似乎證實了西方認為蘇聯是擴張
主義者的看法；美國強大的經濟實力與對原子彈的壟斷使俄國人
感到恐懼，擔心在戰後還將處於西方的包圍之中。

　　恐懼與擴張導致了冷戰，其早期的產物是杜魯門主義
(Truman Doctrine)、馬歇爾計畫 (Marshall Plan) 與北大西洋公約組
織 (North Atlantic Treaty Organization)。

一、杜魯門主義

　　在如何對待蘇聯這個超級大國的問題上，美國政府與社會內
部發生了熱烈的爭論，壓倒性意見是圍堵蘇聯的擴張。杜魯門主

義是美國對蘇圍堵戰略的第一次應用,其起因是希臘與土耳其的局勢混亂。希臘政府遭到國內共產黨的攻擊,政權搖搖欲墜,而原本把希臘作為其勢力範圍的英國,此時已無力支持希臘政府。英國於 1947 年初告訴華盛頓:五星期後將中止對希臘政府的財政援助。希臘的游擊隊得到了南斯拉夫與蘇聯其他衛星國的援助。美國認為希臘政府一旦垮臺,勢必有利於蘇聯擴大其勢力範圍,也會加劇法國與義大利的局勢動盪。杜魯門政府決定接過英國的擔子,負責援助希臘與土耳其,以便保持這兩個國家的穩定。杜魯門親往國會山莊提出不久就以「杜魯門主義」著稱的主張,他說:「我認為,美國的政策必須支持自由國家的人民,他們正在反抗企圖征服他們的武裝少數派和外界壓力。」在強烈的反蘇反共的氣氛中,國會通過議案,在未來的十五個月中援助希臘與土耳其四億美元。希臘的反政府武裝失敗後,增強美國擴大干涉、圍堵蘇聯與世界共產主義勢力的信心。

　　杜魯門主義提出不久,1947 年 7 月,駐蘇外交官喬治·肯楠 (George F. Kennan) 對於圍堵蘇聯在理論上作了系統、詳細的論述。他建議,美國「堅定而警惕地遏制俄國的擴張傾向」,「最終必然導致蘇聯政權解體或逐漸變得溫和起來」。在整個冷戰期間,美國奉行對蘇圍堵戰略。

二、馬歇爾計畫

　　杜魯門主義之所以必要,是因為英國經濟已陷入困境,實際上,整個西歐都是如此。共產黨的勢力趁虛而入,法國、義大利

的共產黨特別活躍，大有控制國會、
組織政府之勢。美國決策人知道歐
洲是冷戰的重點戰場，而要抵制共
產主義勢力控制歐洲，關鍵在於迅
速復興歐洲的經濟。西方文明的存
在有賴於西方文明的搖籃——西歐
的復興。

圖 35：馬歇爾

　　1947 年 6 月 5 日，馬歇爾在哈
佛大學 (Harvard University) 發表演
說，提出了歐洲復興計畫。計畫的
立足點是歐洲自己拯救自己，擬訂
復興計畫，美國「在他們擬訂歐洲計畫時，予以友好協助，並在
今後加以支持」。這一計畫受到了歐洲各國包括西歐與東歐的歡
迎，他們「雙手抓住不放」（英國外交大臣歐尼斯特·貝文
Ernest Bevin 語）。東歐各國由於蘇聯不允許，沒有加入。1948 年
十六個西歐國家（還有土耳其）開始通過「歐洲經濟合作組織」
(Organization for European Economic Cooperation) 共同制訂經濟
發展計畫。美國在四年中為這些國家提供了一百二十五億美元的
經濟援助。馬歇爾計畫證明是一項成功的計畫。美國給予的是援
助，而不是救濟，四年內，即至 1951 年，接受援助的國家工業產
量比二次大戰前的 1938 年提高百分之四十。馬歇爾計畫也導致西
歐的經濟聯合，「歐洲經濟合作組織」開創了西歐聯合的試驗。
1952 年，建立了「歐洲煤鋼共同體」(European Coal and Steel

Community)，1957 年，根據《羅馬條約》(*Treaty of Rome*) 建立了「歐洲經濟共同體」（European Economic Community，簡稱「共同市場」）。歐洲從此走上了合作、穩定、共建繁榮的道路。

三、北大西洋公約組織

　　馬歇爾計畫引發美國考慮與西歐的軍事聯合，以軍事同盟來對抗蘇聯。二次大戰結束後，美英法蘇分別占領德國，德國被劃分成四個軍事占領區。柏林也同樣被劃為西柏林與東柏林。1946年 12 月，美英占領區合併為聯合占領區，蘇聯對西方這項合併行動作出強烈反應。1948 年夏天，蘇聯封鎖了通往柏林的一切公路、水路與鐵路交通，切斷西柏林和西方世界的來往，蘇聯的用意是迫使西方國家撤出柏林，西方的回答是通過空運向西柏林提供補給品。這場空運，蔚為壯觀，封鎖期間，美英兩國飛機每天空運一萬噸物資，總共向西柏林空運二百五十萬噸供應品。1949年 5 月 12 日，蘇聯宣佈解除封鎖。

　　柏林封鎖促成了美國與西歐各國的軍事聯合。1948 年 6 月，參議院通過由亞瑟‧范登堡 (Arthur Vandenberg) 提出的決議案，認為「範圍廣泛的安全體系」才能消除人們對蘇聯向西歐擴張與滲透的恐懼。1948 年 10 月，北大西洋國家一致通過建立聯盟。公約第五條寫道：「對歐洲或北美的一個或幾個成員國發動武裝進攻將被視為對所有成員國的進攻」。1949 年 4 月 4 日，美、英、法、義、比、荷、丹麥、挪威、葡萄牙、盧森堡、冰島、加拿大在華盛頓簽署這項公約，建立了「北大西洋公約組織」。1949 年 5

月，美英聯合占領區與法國占領區聯合，建立了德意志聯邦共和國（簡稱西德）。同年 10 月，蘇聯在其占領區也成立了德意志民主共和國（簡稱東德）。1954 年西德加入「北大西洋公約組織」。

當冷戰在歐洲展開時，在東亞發生了一場熱戰。

二次大戰結束後，朝鮮半島被分割成南北兩個國家。南部為大韓民國（簡稱南韓），北部成立朝鮮民主主義人民共和國（簡稱北韓）。南北雙方不斷發生軍事衝突。

1950 年 6 月 25 日，北韓越過北緯三十八度線對南韓發動蓄謀已久的全面軍事進攻。三天內，奪取首都漢城（今首爾）。杜魯門作出強硬反應，他說：「如果這件事被允許而不遭反對，那將意味著第三次世界大戰。」6 月 27 日，杜魯門宣佈美國出兵援助南韓。同一天，聯合國安理會要求各會員國出兵，援助南韓。杜魯門主張對朝鮮半島進行有限干涉，無意在亞洲陷入和蘇聯與新中國的直接衝突。為此，他派遣第七艦隊作為臺灣與中國大陸之間的一道屏障。美軍未能抵住北韓的進攻，六個星期內，美軍與南韓軍隊退至半島東南角。

形勢突變。9 月 15 日，麥克阿瑟 (Douglas MacArthur) 識破北韓攻勢在戰略上的弱點，率軍在敵軍後線的仁川港登陸，一路勢如破竹。北韓潰不成軍。9 月 27 日，美軍攻入漢城，到 10 月 1 日，收復三十八度線以南的全部領土。10 月 20 日美軍攻占北韓首都平壤，向中韓邊境挺進。

杜魯門最為擔心的事發生了。1950 年 10 月 25 日，中共宣佈介入戰爭。二十五萬志願軍在蘇聯空軍的配合下進入朝鮮，迅速

收復了北韓的全部領土，重新占領漢城。杜魯門堅定地摒棄了麥克阿瑟的擴大戰爭政策（並且撤去了他的職務），回到了原先的圍堵政策上，堅持美蘇衝突的重點在歐洲。軍事形勢在 1951 年春呈現了雙方相持不下的局面。新任聯合國軍總司令李奇微 (Matthew Ridgway) 將軍收復漢城並越過了三十八度線。

和平談判開始了，邊打邊談持續了兩年多。 1953 年 6 月 27 日，談判雙方簽訂一項停戰協定，結束了這場打了三年的戰爭。

韓戰擴大了圍堵的範圍，對歐洲有選擇的圍堵政策變成了全球的圍堵政策。美國也因此急劇擴大軍事開支與軍隊的數量，國防開支在 1948 年占國民生產總值的百分之四，到了 1953 年，增加為百分之十三。全國現役軍人增加了二百二十萬人，為三百六十萬人。韓戰促使圍堵政策軍事化。

第二節　冷戰持久化

隨著蘇聯在 1949 年成功製造原子彈，美蘇對抗進入了一個新的時代——核戰爭與核談判時代。其合乎邏輯的推理是試圖以核武器威脅敵對國家，但也不得不擔心本國有遭到核打擊的可能，於是避免核災難成為冷戰期間美蘇雙方的希望。1955 年 7 月，在日內瓦舉行了美、英、法、蘇四大國首長高峰會議，這是二次大戰後第一次東西方首長高峰會議。雖然會議並未取得實質性結果，但「日內瓦精神」——最高級談判磋商世界和平，暫時緩和了冷戰雙方在意識形態方面的激烈衝突。

　　蘇聯新領袖赫魯雪夫 (Nikita Khrushchev) 搖擺於戰爭威脅與和談之間。1958 年，蘇聯製造了第二次柏林危機：蘇聯向東德與西德發出最後通牒，若不在六個月內談判達成協議，承認德國的永久分裂，蘇聯就與東德單獨簽約，將東柏林與西柏林空中通道交由東德管理。艾森豪政府拒絕了這一通牒。1959 年 9 月，赫魯雪夫訪美，兩位領導人創造了「大衛營精神」，雙方都願意通過談判尋求緩和之路，希望這次會議能為永久解決柏林問題、核武器問題與裁軍問題奠定基礎。然而，這次會議由於美國 U–2 偵察機在蘇聯上空被擊落而告吹。「緩和」的希望暫時破滅。

　　甘迺迪政府繼承前任的核政策，大力發展核武器，但也希望通過首腦談判簽訂一項核禁試條約，這一努力未獲結果。在蘇聯於 1961 年 10 月間試爆了一個比美國投在廣島的那顆原子彈的威力要大三千倍的核彈後，甘迺迪於 1962 年下令恢復大氣層的核子試驗。美蘇兩個超級大國沿著軍備競賽的老路走下去。

　　這期間，德國、古巴、中東與越南成為冷戰的熱點。

一、德　國

　　德國問題始終是至關重要的，德國分裂成東德與西德後，大批東德人逃亡到西柏林，每月約三萬人。蘇聯政府聲明，將在 1961 年底前往東德締結和約，結束西方國家對西柏林的占領權與通行權。美國拒絕了蘇聯這一將會使世界均勢發生重大變化的企圖。於是，蘇聯作出了另一個選擇來挽回東德的嚴重局勢。8 月 13 日，東德築起了柏林圍牆，從而切斷了去西柏林的通道。蘇聯

宣告推遲簽訂和約的日子。所謂「第三次柏林危機」過去了。

二、古 巴

在古巴發生了豬灣入侵 (Bay of Pigs Invasion) 與飛彈危機 (Cuban Missile Crisis)。1959 年，在卡斯楚 (Fidel Castro) 領導下古巴推翻了巴蒂斯塔 (Fulgencio Batista) 的獨裁政權，建立了革命政權。美國對古巴新政權持敵對立場，亟欲以一個親美政府代替它。在美國的策劃與參與下，1961 年 4 月 17 日，大約一千二百名古巴人在古巴南部海岸的豬灣登陸，入侵僅三天便全被殲滅。此後，美國採取從經濟上與外交上孤立古巴的政策。甘迺迪對古巴引以為訓，認為，必須讓拉丁美洲各國實行和平革命，否則，暴力革命是不可避免的。1961 年美國在拉丁美洲建立「爭取進步聯盟」(Alliance for Progress)，宗旨是在堅持民主制度的前提下，加強經濟發展的計畫性與變革社會結構。與此同時，美國也干預拉丁美洲各國的民主化進程。

古巴革命給蘇聯帶來了希望與利益：讓古巴成為對抗美國的一個重要籌碼。於是在古巴建立飛彈基地，以便對美國造成前所未有的核威脅。赫魯雪夫後來在其回憶錄中婉轉地承認了這一點。確實，這是一次可怕且有可能導致第三次世界大戰的冷戰行動，是冷戰史上最大的一次核威脅。

1962 年 10 月，美國 U–2 偵察機發現了蘇聯核技術人員正在古巴部署飛彈，確鑿無疑。甘迺迪政府在舉行六天政策辯論後，決定實行海上封鎖，迫使蘇聯摧毀在古巴的飛彈基地。經過數日

緊張的較量，赫魯雪夫退卻了，基地拆除了，飛彈運回蘇聯。一場驚心動魄的飛彈危機過去了。

也許這次核危機教育了美蘇首腦，他們在危機一觸即發時，更懂得了核危險，這促進了核談判。甘迺迪說：「我們都必須重新反省自己所抱持的態度。」1963 年 7 月，美蘇英簽訂了一項禁止在大氣層、外太空和水下進行核子試驗的條約，為實現冷戰以來的世界和平，邁開了第一步。

三、中　東

現代西方地理學把東方分為三個地區：地中海到波斯灣一帶為近東，波斯灣到東南亞為中東，太平洋地區為遠東。二次大戰期間，英國把中東司令部設在埃及，中東便包括土耳其、希臘、賽普勒斯、敘利亞、黎巴嫩、伊拉克、伊朗、巴勒斯坦（今以色列、約旦、蘇丹、利比亞）與阿拉伯半島各國。

1948 年，猶太人在巴勒斯坦地區建立以色列國，從此開始了以色列和阿拉伯國家的衝突與複雜的關係。杜魯門政府很快承認了以色列。此後，美國以巨大的援助把她拉到西方一邊。美國的中東政策是冷戰的一部分。為了維持西方在中東的權勢，美國於 1955 年設法組成由英國、土耳其、伊朗、伊拉克與巴基斯坦參加的軍事同盟，名為巴格達條約組織 (Baghdad Pact Organization)。

1956 年 7 月，埃及總統納賽爾 (Gamal Abdel Nasser) 宣佈將蘇伊士運河收歸國有。英法與受其指使的以色列決定武裝入侵埃及，派遣了軍隊在運河地區登陸。美國事先不知道這一入侵計畫，

　　艾森豪對此十分惱火,他擔心入侵行動會導致蘇聯的介入。美國操縱聯合國要求立即停火,並撤出入侵軍隊。英法與以色列接受了聯合國的決議,1957 年 3 月,在聯合國員警部隊監督下,蘇伊士運河通航。

　　1957 年 1 月,艾森豪在國情咨文中解釋了美國的中東政策旨在「圍堵蘇聯」。他敦促國會准許美國軍隊去援助「要求援助以抵抗來自任何共產黨國家的公開武裝侵略」,是謂 「艾森豪主義」(Eisenhower Doctrine)。不久,國會通過支持這一中東政策的聯合決議案。 次年 7 月 , 美國政府派出一萬四千名軍隊在黎巴嫩登陸,目的在保護那裡的親美政府。

　　蘇伊士運河事件與「艾森豪主義」標誌著美國更進一步捲入中東政治。中東地區已成為冷戰的重要戰場。蘇聯站在阿拉伯國家一邊,在蘇伊士運河危機後,美蘇分別武裝了以色列與埃及。

　　在幾年的小衝突後, 1967 年 6 月 , 以色列進攻埃及與敘利亞。以色列用美國提供的先進武器,取得了壓倒性的勝利,占領了約旦河西岸地區 , 包括耶路撒冷古城 , 敘利亞的戈蘭高地(Golan Heights),埃及的西奈半島(包括蘇伊士運河東岸),半數的阿拉伯國家與美國斷交,史稱「六日戰爭」。就在這時,失去家園的巴勒斯坦阿拉伯人 , 1968 年在亞西爾‧阿拉法特 (Yasser Arafat) 領導下組織游擊隊,許多阿拉伯國家支持其消滅猶太人國家與建立巴勒斯坦人家園的要求。

　　1973 年 10 月 6 日,埃及、敘利亞軍隊進攻與重創以色列,收復了 1967 年失地。尼克森挺身而出,支持以色列,蘇聯則給予

敘利亞軍事援助。阿拉伯國家以「石油禁運」來抗議美國的援以政策。美國的中東政策源於確保中東豐富的石油供應西方國家，沙烏地阿拉伯已向西方供應廉價石油三十年，美國國內消耗的石油，其中百分之十至十五依靠中東進口。現在，阿拉伯國家宣佈對美國與西歐實行石油禁運，並把石油價格提高三倍。美國與西歐頓時發生能源危機，加油站大排長龍，油價也一路飆升。禁運在 1974 年 3 月撤銷，但高油價難以回落。美國經濟與外交的弱點暴露無遺。 這次中東戰爭以 1975 年 9 月 1 日埃及與以色列簽訂停戰協定宣告結束，協定要求以色列撤出部分西奈半島。

第三節　越南戰爭與外交重新佈局

越戰是冷戰期間另一次熱戰。中南半島的三個國家（越南、寮國、柬埔寨）原是法國的殖民地。二次大戰後，半島的人民決心爭取國家的獨立。1954 年 5 月在奠邊府戰役中，法國遭到決定性的失敗。不久，法、越雙方在日內瓦達成臨時協定：暫以北緯十七度為界，把越南分成兩半，1956 年 7 月舉行選舉，實現統一。美國對《日內瓦協定》(Geneva Accord) 感到不滿，亟欲介入中南半島衝突。她視東南亞為美蘇、美中爭奪的一個地區，害怕喪失東南亞。 1954 年，美國發起成立 「東南亞公約組織」 (Southeast Asia Treaty Organization)，其保護範圍包括中南半島。同時，美國給予南越以特別援助，從 1955 年到 1961 年，美國對南越的軍事援助年均二億美元。甘迺迪政府曾把越南作為「反暴

動」與國家建設的試驗場。1958 年南越成立「民族解放陣線」，
開展游擊戰爭，反對親美的吳廷琰政府。甘迺迪派出一小支特種
部隊向南越政府傳授鎮壓暴動的各項技術，他還派去了軍事顧問
與美國空軍參加戰鬥。

　　越戰的全面升級是在詹森政府期間。詹森起先不打算讓美軍
直接介入，但到 1965 年間，南越的統治已經到了崩潰的邊緣，只
有美國採取更大的行動才能挽回局勢。詹森政府一方面對北越實
行報復性轟炸，一方面把美國軍隊投入進攻性行動。戰爭於是升
級，導致越戰美國化。到 1965 年底，在南越的美軍已達十八萬
人，戰爭費用也日益增加，僅 1967 年一年就高達二百億美元。

　　如此一個漫長而又毫無希望的戰爭，激起了國內的不滿，並
且成為 1960 年代反叛運動的一個動力與內容。1965 年春，各大
學對政府的外交展開辯論，引發了持續的反戰運動。反戰遊行示
威在 1967 年 10 月進入高潮，二十萬人向五角大廈進軍。在國會
內，也產生了對戰爭的懷疑。參議院外交委員會主席富布賴特 (J.
William Fulbright) 是一個反戰主義者，他說越戰已使美國成為「跛
足巨人」(Crippled Giant)。

　　越戰引起美國外交的調整。尼克森與季辛吉 (Henry A.
Kissinger) 從越戰中看到世界的變化與一個多極化世界正在形成，
認為必須從整體上調整外交佈局。

一、關於蘇聯

　　尼克森認為，美蘇兩國要從「一個對抗的時代走向一個談判

的時代」。

　　美國謀求確認歐洲現狀。1972 年 5 月，西德批准了與蘇聯和
波蘭的和約。美、蘇、東德、西德的四方協定確立了西柏林的地
位，緩和了東西方的局勢。1975 年 8 月，在赫爾辛基舉行第一次
歐洲安全暨合作會議（簡稱歐安會議），討論歐洲安全，美國的目
的是「使蘇聯意識到維持國際均勢與其有重大的利害關係」。美蘇
都在尋求控制軍備的途徑，開始了限制戰略武器的談判。

二、關於中國

　　尼克森外交調整中最大膽的一步是改變美中關係現狀，決定
承認中華人民共和國。1972 年 2 月，尼克森訪問中國大陸，稱這
次訪問是「改變世界的一週」。2 月 27 日，雙方發表聯合聲明，

圖 36：尼克森會見毛澤東

聲明中說，蔣介石統治下的臺灣是中國領土的一部分，美軍最終將從臺灣撤出，臺灣的前途將由海峽兩岸的中國人自己決定。尼克森訪問開闢了美中關係的新時期。1979 年，美中建立正式外交關係。

三、關於西歐與日本

西歐與日本已經實現經濟復興。西歐建立了共同體，至 1986 年，已有十二個成員國；日本至 1980 年代，已是世界第二經濟大國。西歐與日本經濟復興後，便要求擺脫美國的控制，成為美國平等的夥伴。西歐，特別是法國在「北大西洋公約組織」的決策中爭取更大的發言權。日本於 1960 年代也要求建立「夥伴關係」，1960 年的《日美共同合作和安全條約》(*Treaty of Mutual Cooperation and Security between the United States and Japan*)，即《美日安保條約》，與 1951 年的《日美安全條約》相比，基本上已是一個雙邊平等的軍事同盟。

四、關於越南

尼克森正在尋找脫身之計。他主張通過戰爭的「越南化」，使戰爭逐步降級，就是說，用南越軍隊代替美軍，最終擔負起維護南越政權與獨立的責任。在這期間，作為戰爭「越南化」計畫的一部分，美軍入侵柬埔寨，以便拔除北越與民族解放陣線在那裡的庇護。這引起了美國有史以來最廣泛最激烈的大學生抗議運動，美國二千五百所大學中的一半（約一百五十萬人），加入了這一抗

議。

　　經過冗長的談判，1973 年 1 月，交戰各方在巴黎簽署協定。《巴黎和平協議》(*Paris Peace Accords*) 規定雙方停火，並提出一套達成政治解決的複雜模式。1973 年 3 月底，最後一批美軍和美國戰俘離開了越南。1975 年 3 月，北越發動大規模進攻，美國政府要求國會批准對南越的緊急軍事援助，國會拒絕。南越的阮文紹政權與柬埔寨的朗諾 (Lon Nol) 政權垮臺了，北越與南越實現了國家的統一。

　　越戰是美國歷史上經歷最長的戰爭，也是如時評家李普曼所說，「一次最不得人心的戰爭」。戰爭導致了大量的人員傷亡與經濟損失。更嚴重的是，它導致了國家的分裂。直到冷戰後的第一次波斯灣戰爭，越戰造成的心理傷害與不安才得到緩解。

第四節　冷戰的解體

　　1970 年代，美國外交受挫，在美蘇競爭中失去優勢。發生了兩個重大事件：一是伊朗人質危機，一是蘇聯入侵阿富汗。

　　卡特政府試圖對尼克森一季辛吉的現實主義外交注入新的活力，他提出了「人權外交」的理念，說：「我們絕不能對自由在其他地區的命運無動於衷……我們對人權承擔的義務應是絕對的。」然而，美國對人權持有雙重標準，她對那些親美的獨裁政權，並不過問其國內的人權狀況如何，伊朗就是一例。美國對中東石油的依賴，使她高度關注中東與伊朗。卡特 (Jimmy Carter) 的個人

外交在中東贏得了一次成功：巨額經濟援助與其他因素促成了埃及與以色列締結和約（1979 年 3 月），從而結束了兩國間持續了三十年的戰爭狀態。埃及在外交上承認以色列，後者則撤出西奈半島。中東和平邁開了一大步。

　　卡特把伊朗國王視為美國在波斯灣地區利益的保護人。他竟認為這位獨裁者是「深得人民愛戴的」，他統治的國家是「牢固的島嶼」。事實上，這是一座隨時會爆發的火山。1979 年 1 月，國王被推翻，宗教領袖何梅尼 (Ruhollah Khomeini) 統治伊朗。隨即，伊朗的反美情緒終於表現為一場震動世界的人質危機 ❶。

　　阿富汗自 1978 年發生親蘇政變以來，實際上一直處於蘇聯控制之下。1979 年 12 月，蘇聯悍然出兵入侵阿富汗，對這個國家進行軍事占領。蘇聯的這一舉動震驚了美國，卡特聲稱這是二戰以來對世界和平最大的威脅。卡特的擔心是有歷史依據的。十九世紀末，當沙俄與英國爭奪歐亞大陸霸權時，曾把阿富汗作為爭奪的樞紐，1880 年代中期，英俄幾乎因阿富汗而爆發戰爭。現在，蘇聯決意占領阿富汗是沙俄試圖稱霸歐亞大陸的重演，它表明了蘇聯的咄咄逼人的勢頭。

　　然而，冷戰在持續近半個世紀後，由於蘇聯的採取主動而戛然解體。

---

❶　1979 年 11 月 4 日，伊朗激進派學生占領美國駐伊朗大使館，俘虜六十六名美國人作為人質。1981 年 1 月 20 日——雷根就職不久，人質獲釋。他們在被監禁了 444 天後回到美國。

　　1980 年代末，蘇聯領袖戈巴契夫 (Mikhail Gorbachev) 以「新思維」反思蘇聯與外部世界，謀求國內改革與結束冷戰。1991 年 12 月 25 日，蘇聯不復存在，代之以「獨立國家聯合體」（獨立國家國協）。美國總統布希 (George H. W. Bush) 意識到冷戰行將結束，提出「超越圍堵」(Beyond Containment)，和蘇聯進行溝通與合作，以便讓東歐獲得自決，讓蘇聯向開放社會轉變，融入國際社會。

　　在 1989 年 11 月柏林圍牆「倒塌」的這一時刻，布希悄悄地開始與戈巴契夫進行談判。第一次談判是在 1989 年 12 月，以後的十九個月中，舉行了六次最高級會晤。最重要的一次是在 1990 年 11 月，三十四個歐洲與北美國家首腦參加的歐洲安全暨合作會議上的會晤，在這次會晤中，雙方正式宣佈冷戰結束。

　　美國最關心的問題是德國的統一與將德國納入西方世界，徹底改變由雅爾達體系形成的均勢。在經過幾個月的較量後，1990 年 7 月蘇聯同意統一後的德國加入北約。外交史學家史班尼爾 (John Spanier) 把這一事件視為冷戰解體的標誌。世界從此進入後冷戰時代。

　　美國在後冷戰時代的第一個重大行動是發動波斯灣戰爭。1990 年 8 月 2 日，早有擴張領土野心的伊拉克出動十萬大軍入侵科威特，兼併了這個國家。這令美國不可容忍。從中東進口石油的美國需要中東地區的和平與穩定，不能容許在這裡出現地方霸權主義。伊軍入侵科威特的第一天，布希總統發表談話，譴責這一「赤裸裸的侵略」。1991 年 1 月 16 日，波斯灣戰爭爆發，以美

國為首的多國部隊發動了代號為「沙漠風暴」的軍事行動,利用空中優勢,迅速擊潰伊拉克軍隊。2月27日,布希宣佈美軍停火。波斯灣戰爭以美國的全勝告結束。

美國希望,冷戰後由美國重建「國際新秩序」,一個美國治下的世界和平。布希說,這是繼續威爾遜總統未竟的事業。然而,現實並非如此,發生在2001年的「911」恐怖攻擊事件,粉碎了美國重建世界秩序的夢。

2001年9月11日,四架客機進入美國上空,其中兩架撞毀了紐約的世界貿易中心,一架撞擊了五角大廈,第四架因機內乘客反抗而墜機,據推測,其目標是白宮或國會山莊,是謂「911事件」。這次恐怖攻擊造成的死亡人數達三千多人,大多數為美國人,還包括來自六十個國家的公民。

美國立即作出反應。當晚,總統小布希 (George W. Bush) 向全國發表電視講話,宣佈美國向恐怖主義開戰,不僅是發動襲擊的基地組織,所有的恐怖主義者與庇護他們的人與國家都是美國打擊的對象。美國從反恐一開始就確立了她的全球使命。這一外交思想理念,被稱之為「布希主義」(Bushism)。

在 「布希主義」 的指導下, 美國發動了對阿富汗的戰爭（2001年10月7日）與對伊拉克的戰爭（2003年3月20日）。這兩次反恐戰爭 , 美國都取得了軍事勝利。 在阿富汗戰爭 (Afghanistan War) 中,美國推翻了塔利班政權。然而,美國沒有達到其發動戰爭的主要目的——抓獲「911事件」的主腦賓拉登 (Osama bin Laden) 與消滅「基地」(al-Qaeda) 組織。

在伊拉克戰爭 (Iraq War) 中，美國推翻了海珊 (Saddam Hussein) 的統治。然而，直至戰爭結束，美軍並未在伊拉克發現大規模殺傷性武器與海珊和「基地」組織有聯繫的確鑿證據。反恐似乎成了美國發動戰爭的一個藉口而已。伊拉克戰爭沒有得到聯合國的授權，安理會的三個常任理事國（法、俄、中）都不予以支持。在這次戰爭中，美國奉行單邊主義與先發制人。小布希在 2002 年 9 月發表的《國家安全戰略》這個文件中，強調了單邊主義與先發制人是美國反恐事業中的新戰略，用以代替冷戰時代的圍堵戰略。伊拉克戰爭是這一戰略的第一次實踐。

第十一章 | *Chapter 11*

邁向新世紀

第一節　進入低谷

　　越戰與水門事件給美國社會的影響是深遠的。1970 年代美國人普遍的心態是對國家前途感到焦慮，缺乏信心。國家進入了一段低谷時期，經濟出現了嚴重的停滯性通膨；在和蘇聯的競爭中，喪失優勢。美國經濟在 1974 至 1975 年間出現了近四十年來最嚴重的衰退，成為二次大戰結束以來國民生產總值下降幅度最大的一年。到 1975 年中，失業人數已接近全國勞動力的百分之九，達八百二十五萬人。不過，如今失業者可以得到失業補助金和食品券計畫的幫助（食品券計畫是從甘迺迪政府開始的，起初規模不大，現在已是政府的一項重要開支），失業者還可以領取醫療補助及其他形式的聯邦現金補貼。這些政府的措施減輕了停滯性通膨對失業者的打擊，反而促使人們希望政府減少對經濟的干預。

　　與此同時，物價持續上漲，在十年內提高了一倍。至 1976

年，由於經濟衰退使通貨膨脹率下降到百分之四點八（這一下降
顯然是以高失業率為代價），但到 1980 年又上升到近百分之二
十。卡特政府不能不放慢經濟發展的速度來緩和通貨膨脹。卡特
政府被認為是一個趨於保守的民主黨政府。

　　卡特對政府積極干預社會經濟生活的觀點，反映了當時全國
轉向保守的趨勢。這在 1978 年加利福尼亞州通過的第十三號提案
中典型地表現出來。加州的選民們以二比一的優勢通過了這一限
制該州財產稅的法案，此事件被稱作「納稅人的反叛」。納稅人要
求政府實現預算平衡與減少浪費，更有效率地工作。但大多數人
仍贊成政府在全國醫療保險、就業以及在控制物價、工資等方面
進行干預。有些經濟學家認為，1970 年代的停滯性通膨是「新
政」改革後的經濟秩序必然出現的弊病，正如自由放任時代導致
大蕭條。1970 年代的能源危機加深了停滯性通膨，美國人消費與
進口的石油數量在整個 1970 年代持續上升。1979 年，從國外進
口的石油已占其年供應量的百分之四十三，是 1970 年的近四倍。
同一時期，國內石油價格上漲近兩倍，但產量仍在下降，更要依
賴進口石油。1973 年的中東石油禁運對美國的經濟曾發生影響，
1979 年伊朗國王被推翻，來自伊朗的石油供應被切斷，使美國再
次發生石油短缺現象。衰退中的美國經濟雪上加霜。

第二節　新保守主義與新自由主義

　　1980 年代與 1990 年代是美國走出低谷、重振經濟、重振國

圖 37：雷根

威的年代，是改革「新政」的年代。雷根政府 (1981～1989) 與布希政府 (1989～1993) 試圖以新保守主義的理念恢復經濟與繁榮，其後的柯林頓政府 (1993～2001) 則以新自由主義治理美國，取得了顯著的成績。新保守主義與新自由主義成為邁向新世紀與在新世紀初的兩大治國理念。

雷根 (Ronald Reagan) 在 1980 年的總統選舉中，向公眾傳遞了兩個資訊，其一是他的樂觀主義。他告訴選民，美國是充滿希望的，這使當時持悲觀情緒的美國民眾耳目一新。雷根笑呵呵的臉容似乎也在幫助傳遞這一資訊。其二是他的小政府觀，他說，政府本身就是個問題；現在的政府正在窒息人民，官僚政治是社會的大敵。這反映了雷根的保守主義立場。

雷根政府推行小政府計畫。第一，大量削減稅收，降低個人所得稅與大幅度降低企業投資所得稅。1981 年通過《經濟復興稅收法》(*Economic Recovery Tax Act of 1981*) 與其他稅收政策。雷根的稅收政策使富人負擔減輕，窮人負擔加重。第二，大力降低非

國防開支。第三，穩定貨幣，減少通貨膨脹。第四，取消政府對經濟與社會的管制，放鬆對企業的管理。

在社會問題上，共和黨政府主張回歸到傳統的價值觀念上，重建家庭在美國社會生活中的主導地位。雷根反對擬議中的憲法第二十八條修正案，他支持男女同工同酬與消除對婦女的一切歧視，但是，傳統的性別差異應當保持，特別是抑制對已婚者私生活的干預。在墮胎問題上，他支持一項有關的憲法修正案，即賦予未出生的嬰兒以生命的權利，並支持國會對墮胎進行限制。

在共和黨政府執政的十二年中，美國經濟在一個時期曾取得了可喜的增長，在外交上也創下了一個個成功的記錄。然而，美國民眾為此付出了沉重的代價。美國的預算赤字上升，內外債務增加，實際上，共和黨政府是寅吃卯糧，用未來的歲賦維持當前的經濟繁榮。經濟學家稱雷根的經濟政策為「享樂經濟學」。到布希離任時，聯邦財政赤字已高達三千億美元，國債高達四兆一千億美元。這個雙高赤字嚴重地制約了美國經濟。1987 年後，繁榮消逝，停滯性通膨再度出現，出現了大蕭條以來最嚴重的衰退。進入 1990 年代，美國經濟出現十年來的第一次負增長，失業率高達百分之七。

如何克服經濟衰退與實現真實的而非虛假的繁榮又成了1992 年大選的主題。柯林頓 (Bill J. Clinton) 以「希望與變革」的口號贏得大選。民主黨政府堅持傳統的自由主義，但又吸取了保守主義的某些合理性成分。例如，鼓勵企業的發展，一個主要政策是對新開工廠與新增設備實行免稅。柯林頓減少了十萬名聯邦

政府的雇員。醫療保健開支是目前聯邦政府福利計畫中最大的一項開支，柯林頓政府把它作為改革的重點，規定全國性的最高標準，以降低私人及政府的衛生保健開支。民主黨政府的新經濟政策，加之其他一系列因素，如企業的大規模重建、高新技術產業的快速發展，來自國內外的投資旺盛，使 1990 年代美國經濟持續增長。到 1999 年中，經濟持續增長九十四個月，創造了和平時期最長的經濟增長期。

值得注意的是，在經濟增長的同時，失業率與通貨膨脹率也都在下降。以 1997 年為例，經濟增長率超過百分之三，失業率下降到百分之五以下，通貨膨脹率下降到百分之二以下，形成了與 1970 年代「停滯性通膨」完全相反的情形。有些經濟學家認為，美國正在形成一種「新經濟」。其特點是，以高、新技術產業，特別是資訊技術產業為主要動力，從而使經濟前景有巨大的活力。例如，1993 年以來，工業增長中約百分之四十五是由電腦與半導體發展來帶動的。1990 年代末，與資訊直接有關的部門在國內生產總值 (GDP) 中所占比重已達百分之八十。

困擾美國經濟的預算赤字隨之大幅度削減，出現財政盈餘。從 1998 年起，經歷了三十年的財政赤字首次變成盈餘。這主要得益於經濟持續增長與稅收增加。新自由主義政策在二十世紀末的美國取得了巨大的成效，但新保守主義仍將會在美國歷史舞臺上作為一支決定性的勢力，與新自由主義在治理經濟與社會方面展開競爭。

第三節　美國文明向何處去？

　　經過兩個世紀的發展與改革，美國是世界上經濟最發達、綜合國力與核心競爭力最強的國家，用雷根總統的話說：「美國仍然高大。」

　　美國是移民之邦，美國文明是由各族裔共同締建的。

　　社會富裕與移民大量進入，曾使美國在二十世紀中人口增長三倍，自 1920 年以來也成長一倍多。但是戰後生育高潮到 1957 年已告結束，從此，生育率持續下降，1988 年美國人口為二億四千五百萬。人口增長主要是由於居民壽命的延長與繼續不斷的移民。1965 年通過的《移民國籍法》使新移民的成分較過去發生了重大變化，這項法律廢除了帶有種族歧視色彩的移民國籍限額制度，制定了以具備美國所需技能與家庭團聚為原則的新移民法規。結果使亞洲移民迅速增長，拉丁美洲與東南歐的移民也有所增加。居前列的有墨西哥、越南和菲律賓。1976 年，國會對 1965 年的《移民國籍法》加以修正，把來自西半球的移民數量限制在每年每個國家不超過二萬人，結果導致無證移民大量增加，主要是來自墨西哥。

　　美國各族裔特別是黑人與婦女，曾為經濟平等而努力。美國福利與社會保障的建立是這一奮鬥的結果。然而，貧困與貧富差別在二十世紀末依舊存在。

　　美國依然是一個公司化的社會，而且在 1970 年代後，公司作

為美國經濟結構中的主要單位這一情況比任何時候都更為突出。擁有一億美元以上資產的公司只占全部公司的百分之二，但他們卻占了全國公司資產總額的百分之七十以上。1978 年，資產十億美元以上的公司有二百家，一千家最大的公司產值占了全國產值的一半。

雖然在二十世紀美國不斷有反壟斷法公佈，但愈來愈多的經濟領域出現了商品供應壟斷，即少數公司聯合起來控制市場。公司合併也達到高峰，合併後的公司大多數成為多種經營的聯合大企業。在農業領域裡，發展了「農業綜合企業」，即以企業方式經營農業，其目標是實現從育種到產品進入超市這一全過程的一體化。

與此同時，財富分配的格局並無大的變化。在「豐裕社會」這個大背景下，窮人的數目顯著減少，由 1960 年代初的四千萬減少到 1980 年代的二千五百萬 。 由於老人的比例不斷增加與移民（合法與非法）的大量進入，窮人的數目與貧富差別變得難以縮小。歷史學家評論說：「顯然，如果美國要成為一個更平等的社會的話，那麼就必須對其分配收入的方式作出改革。」

從 1960 年代初期開始，美國人追求平等的努力發生了變化，他們從追求經濟平等轉而主要追求社會平等了，主要的參加者仍是黑人與婦女。

美國一直被稱為「大熔爐」，眾多種族在這裡熔為一個整體。這個觀念已經被顛覆。「熔爐論」被認為是一種文化帝國主義的理論，是為了把一個多樣化的、使用多種語言的社會納入祖先為盎

格魯－撒克遜白人新教徒的美國模式而編造出來的。黑人、拉丁美洲裔、印第安人在維護種族性與社會平等方面取得了可觀的進步。黑人是最大的少數族裔，1980 年代約二千六百萬人，占美國人的百分之十二。由於經濟地位的上升與受教育機會的增加，一個黑人中產階級已經赫然升起，占黑人家庭總數的百分之三十。自由職業與管理工作的機會比任何時期多，而黑人工人階級仍處於社會底層，難以擺脫殘餘的種族歧視。

　　黑人在政治領域取得令人矚目的進展。 1965 年的 《選舉權法》開始改變美國的政治結構，有更多黑人擔任公職。黑人在華盛頓、洛杉磯、底特律、亞特蘭大與一些南方城市擔任市長，如同「肯定性行動」給黑人與少數族裔帶來照顧、「校車接送」為黑人子女實現教育平等提供了方便。

　　拉丁美洲裔美國人是人口增長最快的少數民族，有可能取代黑人成為美國最大的少數民族。墨西哥人約占這個少數民族的百分之六十。1960 年代起，覺醒中的拉丁美洲族裔稱自己為「奇卡諾人」(Chicano)，即墨裔美國人。他們特別注重保持語言的獨立性，在教育、人力培訓和投票方面使用雙語。這是美國移民中第一個拒絕在語言上被同化的族群。

　　印第安人這個最古老的美洲居民，在遭到歷史上最殘忍的殺戮與驅趕後，至今仍是美國窮人中最貧窮的族群。二次大戰後，印第安人口不斷增長，1950 年為三十四萬，至 1980 年已近九十萬人。其中一半居住在西部，四分之一在南部。印第安人有一半以上還居住在保留地內，其餘大部分在城市裡。聯邦政府的印第

安人政策一直搖擺在自治與同化這兩個目標之間。1960 年代，印第安人投入全國性的社會運動，提出了「紅種人權力」(Red Power) 的要求。他們謀求把部落作為一種獨立文化形態保存下去。

在 1960 年代以來的社會運動中，婦女爭取平等的鬥爭是最強有力的。美國婦女發現，在當今社會的結構與話語中，男子優越感、婦女地位低下，在許多方面仍是那麼根深蒂固。

組織起來的婦女致力於社會與經濟方面的改革，以利於男女平等。她們的具體要求包括：通過保障婦女平等權利的憲法修正案；同工同酬；廢除就業方面的性別歧視；建立托兒所；受教育與從事各項專業職業的同等權利與機會；節制生育與自由墮胎等。她們要求參政議政。全國婦女政治決策委員會的口號是「婦女要參與決策而不是煮咖啡」，並在這方面取得了進展。到 1980 年代，婦女在各州議會裡的比例已達到十分之一。

婦女在受教育與就職方面的成績更為突出，至 1980 年代，有一半婦女已走出家庭，成為職業婦女。政府的「肯定性行動」計畫在這方面起了重要的促進作用。至今，被男子壟斷的禁區已所剩無幾。雖然如此，婦女從事的多半還是收入微薄的工作，即便同工也不能同酬。

1972 年 3 月，參院通過了《平等權利修正案》(*Equal Rights Amendment*)，這項修正案要求把「美利堅合眾國或國內的任何一個州都不得以性別為理由否認或剝奪公民在法律上的平等權利」的條文寫入憲法。截至 1979 年，已有三十五個州批准了這項修正

案（其中五個州後來撤銷批准決定）。

美國婦女在爭取平等的活動中，提高了覺悟，磨練了意志，繼續為社會與經濟領域的平等權利與批准上述憲法修正案而努力。

在走向社會平等的同時，美國社會更趨於寬容與放任自流。1960 年代的「反主流文化」開啟了寬容與放任自流的閘門。從此，人們充分展現各自的個性，自由地進行個人的選擇，服飾、髮型、乃至吸毒❶、酗酒都成為展現個性的方式，而社會也對此報以寬容。

寬容更表現在性問題上，傳統的約束與緘默已不復存在。十八歲至二十四歲的年輕人中，有百分之九十五的男性與百分之八十的女性承認自己在婚前有過性生活。已婚夫婦有的放縱自己作「活躍的巡迴遊戲」，集體交換性伴侶。同性戀開始取得社會認可與法律上的承認。1973 年，美國精神病學會被說服不再把同性戀列入精神病條目。柯林頓政府批准軍隊中的同性戀為合法。就連宗教也受到這股自由放任潮流的衝擊，一些古老的禁忌在消亡，宗教對社會的影響也日益消失。

寬容與放任自流也影響著美國的家庭。家庭不再像過去那麼穩定。1970 年，加利福尼亞州通過「無過失」離婚，即夫妻中任何一方無需提出傳統的離婚理由，也無需取得對方同意，即可獲准離婚。此後，有四十五州相繼通過類似的法律。愈來愈多的人，

---

❶　在美國，吸毒僅意味著一種尋求解脫的方式，並不成癮。

尤其是青年一代 ， 不再通過法定儀式組織或解散他們的家庭 。1970 年代後期 ， 美國四分之一家庭是由獨身者或自由同居者組成，比 1970 年增加了三分之二。以婦女為戶主的家庭數量在這十年中也增加了三分之一。單親家庭的大量增加是美國貧困難以消除的原因之一。

對於社會趨於平等與自由放任，美國人有不同的看法。例如，「校車接送」成為實現種族平等中一個爭論的問題。又如，《平等權利修正案》引起了全國規模的爭辯，持不同見解的婦女強烈反對這個修正案，她們在「做徹頭徹尾的女人」這類口號下，發起了維持婦女從屬地位的運動。至於 1960 年代以來的反主流文化，多數人認為，這表明人與人的關係正朝著更健康、更真誠的方向發展，但也有人把這個「放任自流的社會」視為道德淪喪的證明。

作為一個西方文明，美國文明自殖民地以來一直是白人男性的文明，並且以犧牲人類賴以生存的環境為代價。有色種族與婦女爭取平等的努力，見證了美國文明的演進，其目標是實現「人人生而平等」，構建一個多元的、更和諧與平等的文明社會。

方興未艾的環境保護成為文明演進的一部分，在這個運動的推動下，國會通過了一系列有關保持空氣和水源清潔的法令，並在 1970 年建立了環境保護局，將近一半的州也制訂了環境保護的法規。保護環境已取得一定成效，但也存在著利益之爭，一些大的利益集團堅持以犧牲自然環境來維護本行業的利益。美國政府，主要是共和黨政府，有時對國際環保努力持不合作立場。小布希政府拒絕在 《京都議定書》(*Kyoto Protocol*)❷ 上簽字是一個突出

的事例。

如何在全球化時代繼續謀求發展，如何實現各族裔的平等，如何與國際社會一起保護人類家園，與構建國際新秩序等等，都向美國發出挑戰。

而這樣的挑戰，自 2008 年金融海嘯後，逐步浮出水面。此時，美國首任非裔總統歐巴馬走馬上任，在其進步主義的政綱下，致力推行積極性平權與各類社會福利，並讓美國持續於全球化經貿上佈局。

然而在全球化浪潮中，所帶來的區域分工、全球貿易體系，開始為人民所疑慮，尤其在金融海嘯過後，更加深全球對自由貿易的反彈。美國白人勞工階層高呼反全球化、國族意識抬頭、保護主義再現等情形，促成非典型政治人物的興起。美國總統川普 (Donald Trump) 就是在這樣的形勢中振臂一呼，從而帶領美國與全球化抗爭，為了讓美國再次偉大。

國際情勢丕變，亦使原本美國樹立之世界霸權開始動搖。北韓挾帶核武以小博大、中國崛起步步緊逼，原本看似均衡的國際局勢，在大量雙邊會談的交錯中，變得詭譎多變。

美國文明向何處去？也許現在就是一個轉捩點。

---

❷ 1997 年，美國與其他八十三個國家簽訂了一項關於改善世界氣候環境的協定。但小布希上臺後一再重申美國不加入這項協定。

America

附　錄

大事年表

1492 年	航海家哥倫布「發現」新大陸——美洲。
1607 年	英國殖民者在維吉尼亞建立了第一個定居點詹姆士敦，維吉尼亞成為最早的英屬北美殖民地。
1620 年	「五月花號」在普利茅斯建立定居地，史稱「移民始祖」。
1773 年 12 月 16 日	波士頓傾茶事件。
1774 年 9 月 5 日	十三個英國殖民地召開第一屆大陸會議。
1775 年 4 月 19 日	萊星頓和康科特民兵與英軍爆發衝突，獨立戰爭開始。
1776 年 7 月 4 日	大陸會議通過傑弗遜起草的〈獨立宣言〉，成立美利堅合眾國。
1777 年 11 月 15 日	大陸會議通過《邦聯條例》，組成「邦聯」國家。
1781 年 10 月 19 日	英軍統帥康沃利斯投降，獨立戰爭結束。
1783 年 9 月 3 日	英、法、美簽訂《巴黎和約》。
1785 年	制定《土地政策法令》。
1787 年	費城制憲會議，建立聯邦國家。
1787 年 7 月 13 日	邦聯國會通過《西北地域法令》。
1789 年	華盛頓當選第一任總統。
1796 年 9 月 17 日	華盛頓告別演說，提出「孤立主義」外交理念。
1803 年 4 月 30 日	購買路易斯安那，大陸領土擴張開始。

1819 年 2 月	簽署《美西條約》,即《橫貫大陸條約》,美國西部邊界伸至太平洋。
1820 年	南北雙方同意密蘇里妥協案。
1823 年 12 月 2 日	門羅總統發表國情咨文,即「門羅宣言」。
1846 年 6 月	美獲得北緯四十九度以南的俄勒岡地區。
1846～1848 年	美墨戰爭後,美國從墨西哥獲得德克薩斯、新墨西哥和加利福尼亞。
1852 年	斯托夫人出版《湯姆叔叔的小屋》造成轟動。
1853 年	「加茲登購買」,完成美墨邊界的領土調整。
1854 年	《堪薩斯—內布拉斯加法案》通過。
1857 年	斯科特判決案。
1859 年 10 月 16 日	約翰・布朗起義。
1861 年 2 月 8 日	南方十一州宣告分裂,成立南方邦聯。
1861 年 4 月 19 日	林肯政府對南方宣戰,內戰開始。
1862 年 5 月	頒佈《宅地法》。
1862 年 9 月	頒佈〈解放宣言〉,解放南方全部黑人奴隸。
1865 年 4 月	北南雙方舉行「阿波麥托克斯會見」。
1865 年 12 月	通過憲法第十三條修正案。
1867 年 3 月	購買阿拉斯加,完成大陸領土擴張;國會通過《重建法令》。
1868 年 2 月	眾議院通過彈劾詹森總統,參議院以一票之差未通過。
1868 年 7 月	通過憲法第十四條修正案。
1869 年	三 K 黨猖獗。
1869 年	中央太平洋鐵路與聯合太平洋鐵路建成合攏,

	美國進入鐵路時代。
1870 年 2 月	通過憲法第十五條修正案。
1875 年	通過重建南方時期最後一項《民權法案》。
1876 年	總統選舉；國會宣告廢除《重建法令》。
1877 年	「重建南方」以失敗告終。
1882 年	「標準石油托拉斯」成立。
1886 年	「美國勞工聯合會」（簡稱「勞聯」）成立，龔帕斯任終身主席。
1887 年	通過《州際商務法》。
1890 年	「平民黨」成立。
1892 年	發生霍姆斯特德罷工。
1896 年	通過《謝爾曼反托拉斯法》；總統大選，共和黨獲勝。
1898 年	美西戰爭；美國合併夏威夷。
1899 年	第一個對華「門戶開放」照會。
1900 年	第二個對華「門戶開放」照會。
1901 年	「美國鋼鐵公司」成立。
1903 年	聯邦法院下令解散北方證券公司，美國歷史上第一次政府干預托拉斯。
1904 年 12 月	希歐多爾·羅斯福國情咨文，延伸門羅主義，宣告美國充當「國際員警」。此後美國武裝干涉加勒比海諸國與墨西哥。
1907 年	金融恐慌。
1911 年	福特汽車工廠在海蘭德公園開業，美國汽車時代來臨。

1913 年	通過《關稅法》，即《安德伍德－西蒙斯法》，大幅度降低關稅率。
1913 年 9 月	通過《聯邦儲備法》。
1914 年	通過《克萊頓反托拉斯法》與《聯邦貿易委員會法》。
1914～1918 年	第一次世界大戰。
1915 年	德國潛艇擊沉盧西塔尼亞號客輪，引起美國抗議。
1917 年	美國介入一次大戰。
1918 年 1 月 8 日	威爾遜提出旨在建立國際新秩序的「十四點和平原則」。
1919 年 1 月	巴黎和會在法國召開。
1921 年	美國拒絕參加「國際聯盟」。
1929 年 10 月	股票市場崩潰引發「大蕭條」。
1932 年	美國大選，民主黨人富蘭克林·羅斯福當選總統，美國進入「新政」時代。
1933 年	成立民間自然資源保護隊，以工代賑。
1935 年	通過《瓦格納法》，提升工會組織的地位。
1939～1945 年	第二次世界大戰。
1940 年 9 月	國會通過第一項和平時期的《兵役法》。
1941 年 3 月	通過《租借法案》。
1941 年 12 月 7 日	珍珠港事件，美國介入第二次世界大戰。
1944 年 6 月 6 日	諾曼第登陸。
1945 年 2 月	雅爾達會議，確立戰後世界新格局。
1945 年 8 月	在廣島與長崎投下原子彈。人類的核威脅時代來臨。

1947 年初	「杜魯門主義」提出，冷戰開始。
1947 年 6 月 5 日	馬歇爾提出「歐洲復興計畫」，又稱馬歇爾計畫。
1947 年 7 月	美國駐蘇聯外交官肯楠提出圍堵理論，成為冷戰期間美國奉行的對蘇戰略。
1948 年 5 月	猶太人在巴勒斯坦建立以色列。
1948 年 6 月	蘇聯封鎮柏林對外交通，目的在使西方國家撤出柏林。
1949 年 1 月	杜魯門國情咨文，提出「公平施政」。
1949 年 4 月 4 日	建立「北大西洋公約組織」。
1949 年 5 月	德意志聯邦共和國（西德）成立。
1949 年 10 月	德意志民主共和國（東德）成立。
1950～1953 年	韓戰。
1950～1954 年	麥卡錫主義興衰。
1954 年	最高法院裁定布朗案，宣佈公立學校的種族隔離為非法。
1955 年 7 月	美、英、法、蘇四國首長在日內瓦舉行高峰會議，是二次大戰後第一次東西方首腦會晤。
1955 年 12 月	蒙哥馬利市的黑人在馬丁·路德·金恩啟蒙下抵制該市的公車。
1955～1975 年	越戰。
1956 年	通過《州際公路法》，美國高速公路時代與「豐裕社會」的來臨。
1957 年	小岩城發生種族抗爭。
1958 年 11 月	蘇聯製造第二次柏林危機，威脅將西柏林空中通道交東德管理。

1961 年 4 月 17 日	美國對古巴發動豬灣入侵。
1961 年 8 月 13 日	東德開始興建柏林圍牆，形成第三次柏林危機。
1962 年 2 月	美國首次進入太空軌道。
1962 年 10 月	古巴飛彈危機，冷戰史上最大的一次核子威脅。
1963 年 8 月 28 日	馬丁‧路德‧金恩發表演說〈我有一個夢〉。民權運動高漲。
1963 年 11 月 22 日	甘迺迪在德州達拉斯遇刺身亡。
1964 年	通過《民權法案》。
1964 年 12 月	加州大學柏克萊分校學生發起言論自由運動。
1965 年	通過《選舉權法》、《移民國籍法》。
1966 年	「黑人權力」運動，黑豹黨成立。
1968 年 4 月 4 日	馬丁‧路德‧金恩在孟菲斯遭暗殺。
1969 年 7 月 20 日	尼爾‧阿姆斯壯上尉成為第一個登陸月球的人類。
1969 年 11 月	二十五萬人向華盛頓示威抗議越戰，反戰達到高潮。
1970 年 5 月 4 日	肯特州立大學流血事件，尼克森鎮壓學生運動。
1972 年 2 月	尼克森訪問中國大陸。
1972 年 3 月	參院通過《平等權利修正案》，有待全美五十個州批准。
1972 年 6 月 17 日	「水門事件」。
1973 年 1 月	北越、南越與美國三方簽訂停戰協定。
1974 年 8 月 9 日	尼克森辭去總統職務。
1975 年 8 月	在赫爾辛基舉行第一次歐洲安全暨合作會議（簡稱歐安會議）。

1979 年 1 月 1 日	美國與中華民國斷交,與中華人民共和國建交。
1979 年 11 月 4 日	在伊朗發生「人質危機」。
1989 年 11 月	柏林圍牆「倒塌」。
1990 年	美歐與蘇聯在歐安會議上宣告冷戰結束。
1991 年	波斯灣戰爭。
2001 年 9 月 11 日	「911」恐怖攻擊事件。
2001 年 10 月 7 日	阿富汗戰爭。
2003 年 3 月 20 日	伊拉克戰爭。
2008 年 9 月 14 日	雷曼兄弟提出破產申請,金融海嘯正式來襲。
2009 年 1 月 20 日	歐巴馬正式就任第 44 任美國總統,成為美國首位非裔總統。
2010 年 3 月 23 日	歐巴馬簽署患者保護與平價醫療法案。
2011 年 12 月 18 日	伊拉克戰爭結束。
2018 年 5 月 14 日	美國駐以色列大使館正式從特拉維夫遷往耶路撒冷。
2018 年 6 月 12 日	美國總統川普首次與與北韓領導人金正恩會面。
2018 年 10 月 20 日	美國表示俄羅斯違反協議,並退出《中程飛彈條約》。
2019 年 12 月 18 日	美國總統川普遭到彈劾,成為史上第三位遭到彈劾的總統。
2020 年 1 月 29 日	美國與墨西哥、加拿大簽署《美墨加協議》並於該年 7 月 1 日起生效。
2020 年 5 月 25 日	美國發生佛洛伊德之死事件,美國各地發生抗議種族歧視的示威活動。
2021 年 1 月 20 日	拜登正式就任第 46 任總統。

參考書目

中文部分：

大衛‧哈爾波斯坦 (Halberstam, David)，齊沛合譯，《出類拔萃之輩》
　　（上中下），北京：生活‧讀書‧新知三聯書店，1973。

丹尼爾‧布爾斯廷 (Boorstin, Daniel J.)，中國對外翻譯出版公司譯，
　　《美國人》（三卷本，《開拓歷程》、《建國歷程》、《民主歷程》），
　　香港：美國駐華大使館新聞文化處出版，1987。

孔華潤 (Cohen, Warren I.) 主編，王琛等譯，《劍橋美國對外關係史》，
　　北京：新華出版社，2004。

卡普洛 (Caplow, Theodore)，劉緒貽等譯，《美國社會發展趨勢》，北
　　京：商務印書館，1997。

布盧姆 (Blum, John Morton) 等，楊國標等譯，《美國的歷程》（上冊、
　　下冊第一分冊、第二分冊），北京：商務印書館，1988。

托克維爾 (Tocqueville, Alexis de)，董果良譯，《論美國的民主》（上
　　下），北京：商務印書館，1988。

托馬斯‧帕特森 (Paterson, Thomas G.) 等，李慶餘譯，《美國外交政
　　策》（上下），北京：中國社會科學出版社，1989。

李慶餘，《美國外交史》，濟南：山東畫報出版社，2008。

李慶餘、周桂銀等，《美國現代化道路》，北京：人民出版社，1994。

沃勒斯坦 (Wallerstein, I. M.)，譚榮根譯，《美國實力的衰落》，北京：

社會科學文獻出版社，2007。

沃濃・路易・帕靈頓 (Parrington, Vernon Louis)，陳永國等譯，《美國思想史》，長春：吉林人民出版社，2002。

阿瑟・林克 (Link, Arthur S.) 等 ，劉緒貽等譯 ，《1900 年以來的美國史》（上中下），北京：中國社會科學出版社，1983。

威廉・曼徹斯特 (Manchester, William)，廣州外國語學院美英問題研究室翻譯組譯，《光榮與夢想》，北京：商務印書館，1978。

威廉・福克納 (Faulkner, William) 等，賈文山、杜爭鳴譯，《美國，沒有童年》，北京：工人出版社，1988。

查爾斯・比爾德 (Beard, Charles Austin)、瑪麗・比爾德 (Beard, Mary Ritter)，許亞芬譯，《美國文明的興起》（第一卷），北京：商務印書館，1991。

唐納德・懷特 (White, Donald W.)，徐朝友、胡雨譚譯，《美國的興盛與衰落》，南京：江蘇人民出版社，2002。

納爾遜・曼弗雷德・布萊克 (Blake, Nelson Manfred)，許季鴻等譯，《美國社會生活與思想史》（上下），北京：商務印書館，1994。

陳明、李慶餘、陳華，《相信進步——羅斯福與新政》，南京：南京大學出版社，2001。

楊生茂編，《美國歷史學家特納及其學派》，北京：商務印書館，1984。

路易士・哈茨 (Hartz, Louis)，張敏謙譯，《美國的自由主義傳統》，北京：中國社會科學出版社，2003。

撒母耳・埃利奧特・莫里森 (Morison, S. E.) 等，南開大學歷史系美國史研究室譯，《美利堅共和國的成長》（上下），天津：天津人民出版社，1980。

戴維・波普諾 (Popenoe, David)，李強等譯，《社會學》（第十版），北

京：中國人民大學出版社，2001。

羅恩・徹諾 (Chernow, Ron)，金立群譯，《摩根財團》，北京：中國財
政經濟出版社，1996。

外文部分：

Boller, Paul F. & Story, Ronald, *A More Perfect Union: Documents in U.S. History*, vol. I, II, Boston: Houghton Mifflin Company, 1992.

Chafe, William H. & Sitkoff, Harvard eds., *A History of Our Time: Readings on Postwar America*, New York: Oxford University Press, 1991.

Hollinger, David A. & Capper, Charles eds., *The American Intellectual Tradition: A Sourcebook*, vol. I, II, New York: Oxford University Press, 1989.

Patterson, James T., *America in the Twentieth Century: A History*, New York: Harcourt Brace Jovanovich, Inc., 1976.

Porter, Glenn ed., *Encyclopedia of American Economic History*, vol. I, II, III, New York: Charles Scribner's Sons, 1980.

Hook, Steven W. & Spanier, John, *American Foreign Policy Since World War II*, Washington, D.C.: CQ Press, 17th edition, 2006.

Woodward, C. Vann ed., *The Comparative Approach to American History*, New York: Oxford University Press, 1997.

圖片出處：4: Sidney Schwartz and John R. O'Connor, *Exploring Our Nation's History*; 5, 24, 25, 27, 28: Library of Congress Prints and Photographs Division; 10: New York Historical Society; 18, 33, 37: The National Archives; 32, 36: Getty Images

國別史叢書

墨西哥史——仙人掌王國

馬雅和阿茲特克文明的燦爛富庶，成為歐洲人夢寐以求的「黃金國」，然而貪婪之心和宗教狂熱蒙蔽了歐洲人的雙眼，古老的印第安王國慘遭荼毒，淪為異族壓榨的工具，直至今日，身為強大美國的鄰居，墨西哥要如何蛻變新生，請拭目以待。

秘魯史——太陽的子民

提起秘魯，便令人不得不想起神祕的古印加帝國。曾有人說，印加帝國是外星人的傑作，您相信嗎？本書將為您揭開印加帝國的奧祕，及秘魯從古至今豐富的文化內涵及歷史變遷。

國家圖書館出版品預行編目資料

美國史：移民之邦的夢想與現實／李慶餘著.——二
版二刷.——臺北市：三民，2021
面；　公分.——（國別史）
參考書目：面
ISBN 978-957-14-6549-4 （平裝）
1. 美國史

752.1　　　　　　　　　　　　　107022323

國別史
美國史——移民之邦的夢想與現實

作　　　者	李慶餘
發 行 人	劉振強
出 版 者	三民書局股份有限公司
地　　　址	臺北市復興北路 386 號 (復北門市)
	臺北市重慶南路一段 61 號 (重南門市)
電　　　話	(02)25006600
網　　　址	三民網路書店 https://www.sanmin.com.tw
出版日期	初版一刷 2008 年 9 月
	初版二刷 2014 年 7 月
	二版一刷 2019 年 1 月
	二版二刷 2021 年 9 月修正
書籍編號	S740590
I S B N	978-957-14-6549-4

三民書局